주의

ULTIMATE PIXEL CREW

ULTIMATE PIXEL CREW REPORT

NAME: APO+
아포(アポ)

과거 유행했던 사이버펑크 비주얼을 바탕으로 독자적인 세계관을 더해 화면 내의 스토리를 해상도 높은 픽셀아트로 표현하는 것이 장기. 학생시절에는 IAMAS에서 정보와 디자인, 예술에 대해 배웠고, 특히 해상도라는 분야에서는 자신의 연구도 가해지면서 독자적인 영역을 구축하게 되었다. 졸업 후에는 디자인회사에 취직하여 영상을 중심으로 제작 활동을 하고 있으며, 거기에 더해 픽셀아트를 제작하여 현재는 광고나 MV를 중심으로 작품을 제공하고 있다.

ULTIMATE PIXEL CREW REPORT

NAME: MOTOCROSS SAITO
포토크로스 사이토(モトクロス斎藤)

사물의 디테일과 일상의 분위기가 살아있는 작품을 주로 만드는 픽셀아티스트. 어릴때부터 익숙한 힙합음악 문화 등을 베이스로 깔고, 보편적인 풍경 또는 평소 스포트라이트를 잘 받지 못하는 사물 등을 묘사한다. 대학에서 광고, 그래픽 디자인을 전공하고 구도, 원근법, 비주얼 효과 등을 갈고 닦았다. 그 후 픽셀아트와 만나 적극적으로 활동하고 있다. 광고 분야, MV 등에 일러스트와 영상을 제공 중.

ULTIMATE PIXEL CREW REPORT

NAME: SETAMO
세타모(せたも)

식물과 구조물 묘사를 특기로 하는 픽셀아티스트. 조용한 풍경과 빛이 느껴지는 그림을 테마로 작품을 제작. 게임 그래픽부터 어드벤스드한 픽셀아트까지 다양한 기술을 가지고 있다. 중학교 시절 게임제작 소프트로 도트 그래픽을 접하고 대학교 재학 시기에 픽셀아트 일러스트 작품을 제작하기 시작했다. 대학 졸업 후에는 개인적으로 일러스트나 영상 관련 일을 하며 게임 제작, 캐릭터 디자인 등을 하였다.

ULTIMATE PIXEL CREW REPORT

CONTENTS | 목차

기초편 PAGE:008-PAGE:103

응용편

PAGE:104-PAGE:185

MAKING 제작과정 세타모

갤러리

기초편

Title: 픽셀아트 배경 그리는 법 도트 초보자부터 전문가까지

ULTIMATE PIXEL CREW REPORT

ULTIMATE PIXEL CREW REPORT

CHAPTER. 1

Title: 픽셀아트(도트 그래픽)이란

WHAT IS PIXELART

도트 그래픽의 역사, 성립

1970년대 일반 가정에 게임기가 등장하기 시작했습니다. 그 시기를 실시간으로 경험했던 사람에게 있어서 그 감동은 엄청난 것이라 할 수 있습니다. 하지만 지금과 같이 현실과 구분이 어려울 정도로 미려한 영상을 출력할 수 있는 것은 아니었습니다. 지금과 비교한다면 컴퓨터 성능은 낮고 출력할 수 있는 해상도에도 한계가 있었으며, 표시할 수 있는 색상의 수도 많지 않았습니다. 그런 제약 속에서 어떻게든 연구하고 노력해서 목표로 한 것을 표현하기 위해서 태어난 것이 도트 그래픽[Pixelart, 도트/도트 그림/도트 그래픽 등 다양한 이름으로 지칭되나, 이 책에서는 도트 그래픽으로 표기]이라고 하는 표현 기법입니다. 원래 당시에는 「도트 그래픽」이라는 것은 특별히 그것을 지칭하는 단어조차 없었던, 컴퓨터 그래픽으로서는 당연한 표현 방법이었습니다.

그 후 수년이 지나자, 기술은 진보하고 가정용 게임기로 더욱 깨끗한 영상을 출력할 수 있게 되었습니다. 게임 제작회사도 많이 생겨났고 각자가 좀 더 아름답고 독자성이 있는 그래픽을 추구하게 되어, 게임 그래픽 하나로서 도트 그래픽의 기술과 문화는 성장해 갔습니다.

현재 컴퓨터의 성능은 훨씬 좋아졌고 예전과는 비교할 수 없을 정도로 아름답고 리얼한 영상을 출력할 수 있을 만큼 진화했습니다. 그러나 현대에 들어서도 도트 그래픽은 사라지지 않았습니다.

지금은 개인이 다양한 것들을 만들 수 있는 시대입니다.

게임도 그 예외가 아니어서 혼자서, 혹은 얼마 되지 않는 인원수의 팀으로도 제작할 수 있게 되었고, 그중에서 개인 차원에서도 제작이 가능한 도트 그래픽이 게임 그래픽으로 사용되는 것은 드물지 않습니다. 이러한 현대 특유의 환경도 또한 지금의 도트 그래픽의 존속과 다양성을 뒷받침하고 있습니다.

또한 게임 그래픽뿐만 아니라 일러스트나 아트로서도 도트 그래픽은 그 저변을 넓혀가고 있습니다. 제한 속에서 그려진 그림 속에서 아름다움이 느껴지는, 어딘가 그립고 새로운 특별한 표현 방법으로서 도트 그래픽은 새로운 생명을 품게 된 것입니다.

예전에는 해상도와 컬러 수가 제한되었기에 어쩔 수 없이 선택되었던 도트 그래픽이지만, 기술적 한계에서 해방된 지금은 일부러 제한을 두고 도트 그래픽을 그리기 때문에, 작가·크리에이터들마다 각자 독자적으로 제한을 두고 그림을 그리고 있습니다. 지금 세계에는 다양한 도트 그래픽이 존재하고 있으며, 예전과 달리 무한한 다양성을 가지게 되었습니다. 옛날 스타일을 답습하는 것 뿐만 아니라, 지금밖에 할 수 없는 새로운 표현 등 아직 본 적이 없는 표현의 가능성을 도트 그래픽은 품고 있습니다. 지금부터 우리들은 새로운 방향성의 토트 그래픽을 창조하고 또 목격하게 될 것입니다. 다양한 스타일을 유연하게 받아들이면서 자기 자신의 도트 그래픽을 찾아봅시다.

UPC가 만드는 도트 그래픽

「ULTIMATE PIXEL CREW(통칭 UPC)」는 도트 그래픽으로 풍경을 그리는 아티스트들을 모은 픽셀 아티스트 팀입니다.

저희들이 만드는 도트 그래픽은 지금까지 존재하고 있던 도트 그래픽과는 조금 다른 표현법을 사용하고 있습니다. 물론 그 베이스가 되는 표현은 예전부터 있었던 도트 그래픽 작업 방법을 답습하고 있으나, 거기에 오늘날이 되었기에 가능한 표현이나 처리를 더해

서 제작을 하고 있습니다. 경우에 따라 백터 디자인 소프트웨어나 3D 소프트웨어, 영상 편집 소프트웨어 등의 툴을 사용하기도 합니다. 해상도도 높게 설정하고, 도트 그래픽 특유의 데포르메 표현과 사실적이고 리얼한 표현을 조합하고 있습니다. 빛과 그림자에 따라 만들어지는 분위기와 정경을 그리는 것이 저희들의 테마입니다.

이 책에서 소개하고 있는 접근법과 기술에 대해서는 저희들이 그림을 그릴 때 사용하는 사고법에 기반하여 적었습니다. 이것을 읽는다고 금방 도트로 풍경 그림을 그릴 수 있게 된다고는 말할 수 없습니다만, 적어도 필요한 툴은 갖출 수 있습니다. 그 다음에는 그 툴을 습득해서 최적의 장소에 사용할 수 있게 된다면 자유롭게 풍경을 그릴 수 있게 됩니다. 여기서 소개하는 내용 중 대부분은 도트 그래픽뿐만 아니라, 이른바 일반 회화라고 부르는 것들에도 공통적으로 적용이 가능합니다. 도트 그래픽 이외의 그림을 그릴 때에도 충분히 도움이 되는 정보들이 실려 있습니다.

저희들과 함께 세계를 그리는 기쁨을 느껴봅시다.

그림 1-1 모토크로스 사이토의 작품

그림 1-2 APO+의 작품

그림 1-3 세타모의 작품

ULTIMATE PIXEL CREW
TM

ULTIMATE PIXEL CREW REPORT

CHAPTER. 2

Title:

픽셀아트 그리는 법

HOW TO PAINT PIXELART

Introduction:

도트 그래픽은 언뜻 보면 만드는 법을 알기 어렵고 다루기 까다로운 표현으로 생각되기 쉽습니다. 하지만 기본적인「도트 찍는 법」과 도트 그래픽적 사고법만 이해한다면, 일반적인 디지털 일러스트보다도 해상도가 낮은 만큼 그려야만 하는 면적도 적기에, 초심자라도 비교적 간단하게 완성시킬 수 있는 표현 방법입니다. 지금부터 설명할 도트 그래픽의 구조와 찍는 법을 살펴보고 도트 그래픽의 세계에 뛰어들어 봅시다.

기본

찍는 법, 사고법

원래 도트 그래픽의 시작은 오래된 디지털 기기(게임기 등)의 처리 능력 한계, 혹은 기능의 제한 속에서 태어난 표현 기법입니다. 지금은 이미 그 한계에서 해방되어 디지털 아트는 끝없이 자유로운 표현이 가능하게 되었음에도, 굳이 해상도나 컬러 수에 제한을 두고 그리는 표현 방법이 현대의 도트 그래픽입니다. 도트 그래픽을 제작할 때 무엇을 어떻게, 얼마만큼 제한하고 그릴지는 전적으로 개인의 재량과 감각에 달려 있습니다. 제한의 수위와 방법, 어디에 무게를 두고 작업할 것이냐에 따라 제작방식도, 사용하는 기법도 달라집니다. 자기에게 맞는 기법을 찾아내는 과정도 현대 도트 그래픽의 매력 중 하나입니다. 이 책에서 소개하는 방법을 참고하여 제작에 활용해보고, 자신에게 맞는 제작 방법을 찾아봅시다.

도트 그래픽을 도트 그래픽이게 만들어주는 기본 요소는 크게 두 가지입니다. 「제한된 해상도」와「제한된 컬러 수」가 바로 그것입니다. 크든 작든 이 두 가지 요소의 조합이 도트 그래픽을 도트 그래픽답게 만드는 것입니다. 자신에게 맞는 해상도와 컬러 수로 제작을 해 봅시다.

도트 그래픽을 그릴 때 어떤 툴을 사용할지는 크게 도트 그래픽 전용 툴을 사용하는 방법과 비트맵 형식 페인팅 소프트웨어를 사용하는 방법, 이 두 가지로 나뉩니다. 도트 그래픽 전용 툴로는「EDGE2」,「Aseprite」등이 있습니다. 비트맵 형식 페인팅 소프트웨어로는「Adobe Photoshop」,「CLIP STUDIO PAINT」등이 있습니다. 도트 그래픽 전용 툴을 사용하는 방법은 컬러 팔레트를 활용한 정확한 색 제한과, 전용 타일 패턴 툴을 사용 가능한 것 등을 장점으로 꼽을 수 있습니다. 비트맵 형식 페인팅 소프트웨어는 색 관리, 도구 설정이 어렵다는 단점이 있지만, 보다 자유롭게 틀에 얽매이지 않는 제작이 가능합니다. 이 책에서는 주로 후자인 페인팅 소프트웨어를 사용하고 있지만, 기본적으로는 도트 그래픽 전용 툴로도 동일하게 재현이 가능합니다. 자신에게 맞는 툴을 선택해 봅시다.

그러면 이제부터 실제로 기본적인 도트 그래픽을 한번 그려보도록 합시다. 도트 그래픽 전용 툴을 사용할 경우에는 특별한 설정은 필요 없지만, 비트맵 형식 페인팅 소프트웨어를 사용할 경우에는 안티에일리어싱[*1]이 걸려 있지 않은 선 그리기 도구를 사용할 필요가 있습니다. 「펜 도구」, 「연필 도구」 같은 이름이 붙어 있을 때가 많습니다. 포토샵을 사용하는 경우에는 「제작과정 APO+」의 「Photoshop 설정(PAGE:109)」을, 「CLIP STUDIO PAINT」를 사용하는 경우에는 「제작과정 세타모」의 「CLIP STUDIO PAINT 설정(PAGE:164)」에 자세한 설정이 기재되어 있으니 참고하십시오.

*1 안티에일리어싱 … pixel의 거친 부분에 중간색 등을 배치함으로써 두드러지지 않게 하는 기술. 도트 그래픽에서는 도트 사이에 중간색을 배치하여 부드럽게 만드는 기술. 자세한 내용은 「안티에일리어싱」(PAGE:027) 항목을 참조

연습 1 │ 사과 그리는 법

1 우선 캔버스 사이즈를 설정합시다.

이번에는 32×32 pixel의 캔버스를 만듭니다.

이것은 가로로 32칸, 세로로 32칸의 사각형(도트)이 나열되었다는 것을 의미합니다.

그림 2-1 캔버스 만들기

2 사과를 그려봅니다.

빨간색을 선택하여 1 pixel의 펜으로 형태를 잡습니다.

그 후 꼭지와 잎사귀를 그려넣습니다. 이번에는 좌우 대칭으로 그립니다.

그림 2-2 형태를 잡는다

3 사과의 왼쪽 아랫부분에 베이스 색을 조금 어둡게 한 색을 그려 넣습니다. 이것이 그림자가 됩니다.

잎사귀도 마찬가지로 베이스 색을 조금 어둡게 한 색으로 그림자를 그려 넣어줍니다.

그림 2-3 그림자를 넣는다

4 사과와 잎사귀에 하이라이트(반사되는 빛)를 그립니다. 하이라이트는 베이스 색을 밝게 한 색을 사용합니다. 그림자를 그린 반대쪽에 그리면 좋습니다.

그림 2-4 하이라이트를 넣는다

5 이대로 두면 하이라이트와 그늘이 경계가 너무 눈에 띄기 때문에, 베이스 색과 하이라이트의 중간색을 넣어 하이라이트를 부드럽게 만듭니다. 그늘 부분도 마찬가지로 베이스색과 그늘의 중간색을 넣어 부드럽게 만듭니다.

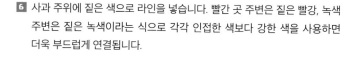

그림 2-5 중간색을 넣는다.

6 사과 주위에 짙은 색으로 라인을 넣습니다. 빨간 곳 주변은 짙은 빨강, 녹색 주변은 짙은 녹색이라는 식으로 각각 인접한 색보다 강한 색을 사용하면 더욱 부드럽게 연결됩니다.

그림 2-6 아웃라인을 그린다

주의할 점으로는 모서리가 겹치지 않도록 하는 것이 있습니다. 윤곽선을 그릴 때 모서리가 겹치게 되면 거친 인상을 주게 됩니다.

이런 것들은 작은 도트 그래픽을 보다 도트 그래픽답게 보여주는 효과가 있습니다. 사용 할 때도 있고 아닐 때도 있으니 취향에 따라 사용 여부를 판단합시다.

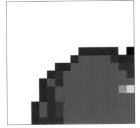
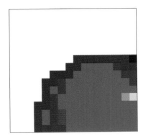

그림 2-7 모서리 비교

이것으로 완성입니다. 이번에는 사과였지만 이러한 방법으로 다양한 것들을 그릴 수 있습니다.

작업 순서는 기본적으로 「형태를 잡는다」→「그림자를 넣는다」→「하이라이트를 넣는다」→「조정」 이 4단계입니다. 반드시 이 순서를 지킬 필요는 없지만, 큰 사이즈의 그림이나 다양한 것들이 들어가는 풍경화 등도 유사한 과정을 반복함으로써 그릴 수 있습니다. 모든 것들의 기본이 되는 그리기 방법이므로 기억해 둡시다.

 POINT

예를 들어 이 그림(그림 2-8)에 존재하는 각 오브젝트들은 그림자의 영향을 받고 안 받는 차이는 다소 있지만 모두 공통적으로 「형태」, 「그림자」, 「하이라이트」라는 단순한 요소로 구성되어 있습니다. 원근법과 반사광 등이 적용되어 있으나 기본 구성 요소 그 자체는 많지 않으며, 모든 것은 이 기본 요소로 이루어져 있습니다.

또한 아웃라인에 관한 부분은 상황에 따라 사용 여부를 판단해야 합니다. 오브젝트가 복잡하게 겹쳐 있어 캐릭터나 오브젝트가 배경에 가려질 것 같은 경우에는 아웃라인을 사용하지만, 사용하지 않아도 그림으로서 충분히 성립됩니다. 취향에 따라 판단합시다.

그림 2-8 복수의 오브젝트가 있을 경우의 작례

연습2 │ 연필 그리는 법

1 연필을 그릴 때에는 손잡이 부분이 육각형으로 되어 있어 면의 방향이 확실하게 나뉘어져 있는 것에 주의하여 그립니다. 이전의 연습1과 마찬가지로 32×32pixel의 캔버스를 만들고 우선 형태를 잡습니다. 이때 대략적으로 색을 나누어 두면 좋습니다.

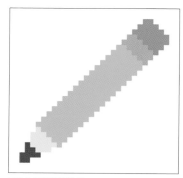

그림 2-9 형태를 잡는다

2 기본 베이스 색을 조금 어둡게 한 색으로 그늘진 부분을 그려넣습니다. 아래의 절반 부분, 빛이 닿지 않는 면에 색을 넣습니다.

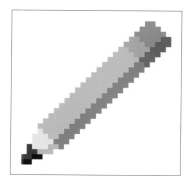

그림 2-10 그림자를 넣는다

3 베이스 색보다 조금 밝게 한 색으로 빛이 닿는 부분에 하이라이트를 그려넣습니다. 어두운 부분의 반대 쪽에 색을 넣습니다.

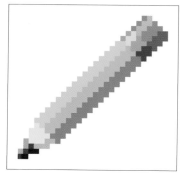

그림 2-11 하이라이트를 넣는다

4 빛이 닿는 면과 그늘진 부분 사이에 중간색을 넣어 부드럽게 연결합니다. 연필은 각 면이 확실하게 나뉘어져 있기 때문에, 이번에는 연필 자루 부분의 그늘진 면에는 굳이 중간색을 넣는 대신, 각 면을 잘 알아볼 수 있도록 그립니다.

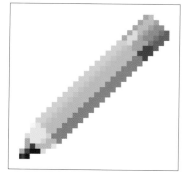

그림 2-12 중간색을 넣는다

5 아웃라인을 그려 넣어 완성합니다.

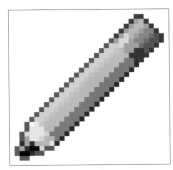

그림 2-13 아웃라인을 넣는다.

연습3 │ 집 그리는 법

1 32×32 pixel의 캔버스를 만들어 집의 형태를 잡습니다. 형태가 조금 복잡한 경우, 색 구분을 해두는 시점에서 그늘진 면도 그려두면 면과 면의 관계를 알아보기 쉽습니다.

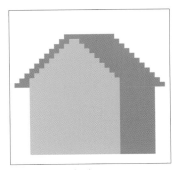

그림 2-14 형태를 잡는다

2 문, 창문, 기둥 등 집의 세부요소를 간단하게 그려넣습니다.

그림 2-15 디테일을 표현한다

3 베이스 색을 어둡게 한 색으로 그늘진 부분, 밝게 한 색으로 빛이 닿는 부분을 그려넣습니다.
집의 지붕은 밖으로 튀어나온 형태를 하고 있기 때문에 지붕과 벽이 맞닿는 부분에는 그림자가 생깁니다. 또한 대들보도 두께가 있으므로 마찬가지로 벽과 맞닿는 부분에 그림자가 생깁니다.

그림 2-16 그림자와 하이라이트를 넣는다

4 아웃라인을 그려 넣어 완성합니다.

그림 2-107 아웃라인을 넣는다

연습 4 │ 우산 그리는 법

1 32×32 pixel의 캔버스를 만들어 우산의 형태를 잡습니다.

그림 2-18 형태를 잡는다

2 베이스 색을 어둡게 한 색으로 그림자를 넣습니다. 우산의 경우는 면의 수가 많기 때문에 음영을 두 단계로 넣습니다.

그림 2-19 음영을 단계별로 나누어 넣는다

3 베이스 색을 밝게 한 색으로 빛이 닿는 면을 그립니다. 그늘진 부분과 마찬 가지로 단계별로 나누어 면을 표현합니다.

그림 2-20 하이라이트를 단계별로 나누어 넣는다

4 아웃라인을 그려 넣어 완성합니다.

그림 2-21 아웃라인을 넣는다.

점근화(漸近化)

다음 도트 그래픽에서 필요한 점근화를 연습해 봅시다. 「점근」이란 점점 가까워지는 것을 말합니다. 도트 그래픽에서는 해상도가 제한되어 있기 때문에, 그런 느낌이 들게 그리는 것이 중요합니다. 원래 도트 하나하나는 사각형입니다. 이 때문에 동그란 것이나 작은 것, 문자 등을 표현하기가 어려우나, 그것에 점점 가깝게 보이도록 하여 그럴 듯하게 보이게 만드는 작업을 합니다. 그것이 점근화입니다.

연습 5 | 주사위 그리는 법

1 우선은 아까와 마찬가지로 32×32pixel의 캔버스를 만듭니다.

그림 2-22 캔버스 만들기

2 주사위의 형태를 잡습니다. 이번에는 약간 깊이(화면에서의 멀고 가까움) 관계를 적용해 형태를 잡습니다.

그림 2-23 형태를 잡는다

3 주사위는 하얀색이니 배경 전체를 약한 회색으로 변경합니다.

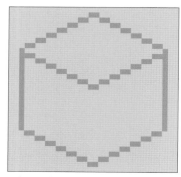

그림 2-24 배경을 변경

4 그 후 윗면, 앞에 보이는 면, 옆면에 약간씩 밝기를 바꾸어 색을 넣습니다.

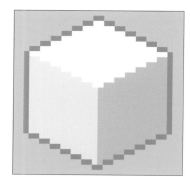

그림 2-25 색을 구분한다

5 왼쪽 면을 주사위 눈 「4」로 해봅시다. 동그란 검은 점을 4개 집어넣을 수 있으면 좋겠지만, 도트 그래픽은 사각형의 집합체여서 원을 정확하게 그릴 수가 없습니다. 해상도가 높다면 손쉽게 원 비슷한 형태를 만들 수 있겠지만, 이번과 같이 해상도가 낮은 경우에는 그림 2-26과 같이 우선 사각형을 그리고, 그다음 중간색(이번 경우에는 회색)을 사용해서 틈을 메워 동그랗게 보이도록 합니다.

그림 2-26 디테일을 그린다

6 같은 방법으로 윗면에 「1」을, 오른쪽 면에 「2」를 그려 넣습니다. 이 세 면은 정면이 아닌 비스듬한 방향을 향하고 있으므로 원래는 원 모양이지만 옆과 위로 늘어난 것처럼 보인다는 것을 염두에 두고 표현합시다. 빨강이나 다른 색을 사용할 때도 마찬가지로 주변색과의 중간색을 이용해 형태를 차츰 더 비슷하게 만들어 갑니다.

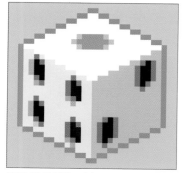

그림 2-27 디테일을 그린다

7 아웃라인을 강조하고 지면에 그림자를 그려 넣어 입체적으로 보이게 해서
완성합니다.

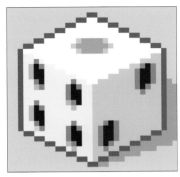

그림2-28 완성

 POINT

이번에는 안티에일리어싱을 주로 사용하여 점근화를 해보았지만 안티에일리어싱을 너무 많이 사용하면
그림 전체가 흐릿한 인상이 되어버리므로 주의가 필요합니다. 그 외에도 색을 사용하는 법이나 형태 잡는
법 등으로 그리고 싶은 것이 특징을 잡아내어, 그리고자 하는 사물의 형태에 가깝게 그려봅시다.
도트 그래픽에서는 그리고 싶은 사물의 전부를 그릴 수가 없는 경우가 대부분입니다. 이 때문에 그리고 싶
은 것을 상상하고 특징을 추출하는 것이 중요합니다. 이번에는 주사위였기 때문에 주사위가 주사위이기
위한 요소인 「정육면체」 「하얀 색」 「검은 점과 붉은 점」 같은 주사위의 특징을 살려서 그렸습니다. 만약 자
판기를 그린다고 한다면 「사각형」 「투명한 상품창과 배출구」 「동전 투입구」 「측면의 로고」 같은 자판기가
자판기이기 위한 요소를 알아볼 수 있도록 그려갑니다. 사물의 특징을 잡고, 불필요한 정보를 버리고, 필
요한 정보를 그림으로써 그리고 싶은 사물에 가까워지게 만드는 작업이 도트 그래픽의 매력입니다.

그림 2-29 자판기 그림

여러 가지 도트 그래픽

도트 그래픽이라고 뭉뚱그려 말하기는 하지만, 도트 그래픽은 종류가 매우 다양합니다. 각각이 가지고 있는 특징들을 살펴봅시다.

■ 사이드뷰, 톱뷰

쉽게 찾아볼 수 있는 도트 그래픽으로는 「사이드뷰」와 「톱뷰」 스타일의 도트 그래픽이 있습니다.

이것은 주로 횡 스크롤 게임이나 예전 RPG 장르에 기원을 두고 있는 표현 방법입니다. 한쪽 방향에서 보이는 모습만을 그리면 되는, 손쉽게 시도해 보기 좋은 그리기 방법 중 하나라고 할 수 있을 것입니다. 사이드뷰는 바로 옆 방향에서, 톱 뷰는 바로 위에서 내려다보는 구도가 됩니다. 빛의 방향 등에 대해 복잡하게 고려할 필요가 없는 경우가 많기에, 대상에 더욱 집중해서 그릴 수가 있습니다. 도트 그래픽의 최대 매력이라고 할 수 있는 점근화를 최대한 활용할 수 있는 표현 방법이기도 합니다.

그림 2-30 사이드뷰 도트 그래픽의 예시

■ 쿼터뷰

「쿼터뷰」는 대각선 위쪽에서 바라본 모습을 그린 도트 그래픽입니다.

사이드뷰와 다른 입체적인 표현이 가능하며, 미니어처와 같은 콤팩트한 인상의 그림이 되는 경우가 많습니다. 입체적이기는 하지만 원근감을 이용해서 깊이감을 만들 수 없다는 점에서 비교적 그리기 쉬운 표현 방법이라고 할 수 있습니다.

그림 2-31 쿼터뷰 도트 그래픽의 예시

■ 원근뷰

「원근뷰(Perspective View)」는 카메라 렌즈를 통해서 본 것 같은 입체감이 있는 그림입니다.

원근감이 있어 깊이 관계(화면에서 멀고 가까움)가 나타나기 때문에 비교적 난이도가 높은 표현 방법이라고 할 수 있습니다. 표현의 폭이 넓고 그리고 싶은 것을 그릴 수 있는 반면, 점근화를 살리기 어려운 그림이기도 하기 때문에 도트 그래픽으로서의 밸런스를 유지하는 것이 어려운 편입니다. Ultimate Pixel Crew는 주로 이 원근뷰 스타일의 도트 그래픽을 그리는 일이 많습니다.

그림 2-32 원근뷰 도트 그래픽 예

기술

타일 패턴

도트 그래픽에서는 적은 컬러 수로 질감이나 그러데이션 등을 표현하는 경우가 있습니다. 이때 도트를 체크무늬 모양으로 나열함으로써, 화면상에서 색깔을 혼합시켜 중간색을 표현하거나 그러데이션을 표현하는 기법을 「타일 패턴」 혹은 「망점넣기(網掛け)」 등으로 지칭합니다. 타일 패턴을 사용하면 최소 두 가지 색으로도 그러데이션을 표현할 수 있으며, 더욱 도트 그래픽다운 표현이 가능하게 됩니다만 동시에 단점도 있습니다. 그것은 해상도가 낮은 그림에서는 효과가 크지 않다는 것과, 체크무늬 모양을 사용하기 때문에 아무래도 화면이 복잡한 느낌을 안겨주기 때문입니다. 해상도가 높을 경우, 그러니까 도트 하나하나의 크기가 작을 경우에는 그러데이션 효과 등에 타일 패턴이 효과가 있습니다.

타일 패턴을 사용하는 또 다른 경우로는 질감 표현을 예로 들 수 있습니다. 거친 표면 질감을 표현할 때, 천 등의 소재가 만드는 짙고 선명하지 않은 어스름한 그림자를 표현할 때 등에 사용합니다.

컬러 수를 제한하고 있는 경우에는 중간색을 만들기 위한 목적으로만 타일 패턴을 사용하는 경우가 있습니다. 이것은 컬러 수를 엄밀하게 지키느라 표현하고 싶은 색이 타일 패턴으로밖에 표현할 수 없는 경우에 효과적입니다. 그러나 컬러 수를 특별히 제한하지 않고 있는 경우에는 굳이 컬러 타일 패턴으로 혼색을 하는 것 보다는 중간색을 사용하는 편이 깔끔하고 정리된 느낌이 듭니다.

■ 타일 패턴을 이용한 그러데이션 표현

타일 패턴으로 부드러운 그러데이션을 표현하기 위해서는 체크 무늬를 기준으로 조금씩 패턴을 바꿔 갈 필요가 있습니다. 패턴을 조금씩 바꿔가면 뒤로 물러나서 보았을 때 그러데이션이 들어간 것으로 보입니다. 패턴은 예로서 아래와 같은 것이 있습니다(그림 2-33).

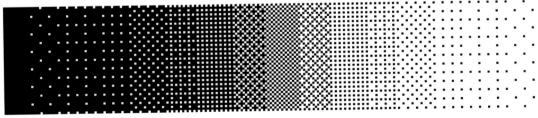

그림 2-33 타일 패턴에 의한 그러데이션의 예시

■ 타일 패턴을 이용한 질감의 표현

도트 그래픽에서는 칠한 색에 대해 툴을 사용하여 블러 처리 등은 기본적으로 하지 않습니다. 이 때문에 도트 그래픽 이외의 그림과 비교해보면 각져 보이는 것이 도트 그래픽의 특징 중 하나입니다. 그러나 천과 같이 부드러운 것을 표현할 때는 부드러운 그림자 표현 등을 할 필요가 있습니다. 그럴 때 유용한 것이 타일 패턴입니다. 또한 콘크리트나 돌 등 표면이 거친 것을 표현할 때에도 사용합니다.

예를 들면 그림 2-34는, 버스 손잡이 부분은 매끈매끈한 질감이므로 타일 패턴을 사용하지 않고 표현하였지만, 의자 등 천의 질감을 가진 부분에는 타일 패턴을 사용하였습니다.

그림 2-34 타일 패턴을 이용한 질감 표현을 사용한 그림

TIPS

타일 패턴은 색깔의 변화를 표현할 때 사용하는 경우가 많습니다. 그림 2-35를 보면 하늘과 나무, 건물의 그림자 부분의 색 변화에 타일 패턴이 사용된 것을 알 수 있습니다. 여기서 소개한 패턴은 그 한 예입니다. 원래 패턴에 정해진 규칙이 있는 것이 아니므로 오리지널 패턴을 만드는 것도 가능합니다. 중요한 것은 「규칙적으로 반복한다」 그것뿐입니다.

그림 2-34 타일 패턴을 이용한 그러데이션 표현을 사용한 그림

안티에일리어싱(Anti-Aliasing)

안티에일리어싱이란 색깔의 경계선에 중간색을 둠으로써 윤곽이나 색의 경계를 부드럽게 하는 것을 말합니다. 기본적으로 해상도가 낮으면 낮을수록 "1 도트"가 담당하는 정보량이 늘기 때문에 표현의 난이도는 높아집니다. 보통 일러스트라면 적어도 1000px 이상의 캔버스 사이즈로 제작하는 일이 많습니다만, 도트 그래픽은 그보다 훨씬 낮은 해상도로 그리는 것이 대부분이므로, 너무 작아서 다 표현하지 못하는 케이스도 생깁니다. 이런 경우에는 안티에일리어싱을 사용합니다.

예를 들면 사람의 손가락이나, 멀리 있는 글씨 등에 안티에일리어싱을 사용해서 보다 진짜 같이 표현한다거나, 엣지(도트 특유의 각진 부분)를 완화시켜 딱딱한 인상을 부드럽게 하는 용도로 사용이 가능합니다. 그림 2-36의 왼쪽 위에 있는 간판의 글씨에는 안티에일리어싱 기법이 사용되었습니다.

이 표현을 어느 정도 사용할지는 그리는 사람에 따라 달라집니다. 매끄럽고 부드러운 인상을 줄 수 있는 반면, 엣지가 불안정해져서 조금 흐릿한 인상이 된다는 단점도 있습니다. 그렇기에 사람에 따라서는 전혀 사용하지 않는 경우도 있습니다.

그림 2-36 안티에일리어싱을 사용한 그림

캐릭터

그림을 그릴 때 「캐릭터」라는 것은 큰 힘을 갖습니다. 대다수 경우 그것은 화면의 중심적인 존재이며, 감상자가 자기 투영을 하는 대상이 되기도 합니다. 그림 안에 캐릭터가 그려져 있다면 거의 모든 사람이 그 캐릭터를 가장 먼저 보게 될 것입니다. 이 때문에 캐릭터를 그릴 때에는 주의하여 그릴 필요가 있습니다. 인간은 복잡하면서도 정해진 형태를 갖고 있기 때문에,

밸런스나 데포르메가 제대로 갖추어지지 않은 경우 그림의 매력이 반감하게 됩니다. 이 때문에 사람을 그릴 때에는 주변의 풍경이나 오브젝트와는 전혀 다른 방식으로 그리는 것이 필요한 경우도 있습니다.

실사

인간의 형태는 기본적으로 정해져 있습니다. 팔과 다리의 길이, 몸통의 길이, 얼굴의 크기 등, 각각의 비율이 맞지 않으면 언밸런스하게 보입니다. 이런 요소의 밸런스를 맞추기 위해서는 일정한 수준 이상의 지식과 많은 연습이 필요하지만, 일단 습득하게 되면 어떤 그림에라도 응용할 수 있는 만능 무기가 됩니다. 이것을 습득하기 위해서는 기본적으로 스케치를 반복하고 계속 연습하는 방법밖에 없지만, 기본 구조와 알기 쉽게 이해하는 요령 등에 대해서 여기서 설명하려고 합니다. 인물을 그릴 때는 눈앞에 "자신의 신체"라고 하는 정교한 표본이 있기 때문에, 「그저 그것만 보고 그리면 된다」고 생각할 수 있지만, 실제로는 그렇게 단순한 일이 아니기에 지식으로 기억해 두는 것도 중요합니다. 기본을 모르면 도트 그래픽으로 옮기는 것도 어려우니, 지식을 발판 삼아 계속해서 연습합시다. 인체를 그릴 때에는 우선 파트별로 비율을 기억해 두면 편리합니다.

그림 2-37 실제에 가까운 비율의 캐릭터

신체와 머리의 균형은 6 내지 7등신 정도가 표준입니다. 머리끝부터 발끝까지가 머리 6~7개 정도의 크기가 된다는 말입니다 이것을 표준적인 밸런스로 잡아두고, 거기에서 등신대를 변경함으로써 소년이나 소녀를 그린다거나 엘프와 같은 상상속의 인종을 표현

하는 것도 가능합니다.

다리 전체의 길이는 신체의 절반 정도를 차지하며, 가랑이는 신체의 한 가운데 정도에 옵니다 허벅다리 뼈인 대퇴골은 인간의 뼈 중에서도 가장 큰 뼈입니다. 자신

의 몸으로 확인해보면 바로 알 수 있을 것입니다. 다리를 끌어안으면 턱의 위치까지 무릎이 옵니다.

다리는 체중을 지지하는 부위이기에 상상 이상으로 큰 부위입니다. 보는 눈에서 먼 위치에 있으므로 작다고 느껴질 수도 있겠지만, 발(뒤꿈치부터 발가락 끝까지)의 사이즈는 팔꿈치부터 손목 부분까지와 길이가 비슷합니다. 둘 다 길이를 착각하기 쉬운 부분이므로 조심합시다.

어깨 폭은 얼굴 두 개 정도의 길이로, 몸통의 길이는 가랑이부터 발끝까지 길이의 절반 정도입니다. 몸통은 다시 흉부와 복부로 나눌 수 있습니다. 거의 1대 1로 나눌 수 있지만, 흉부 쪽이 약간 큽니다. 어깨 폭을 크게 하면 남성적인 인상이 되고 작게 하면 여성적으로 보입니다.

팔의 길이는 팔꿈치 위치를 기억해 두면 편리합니다. 해보면 알겠지만, 팔을 접으면 팔꿈치가 옆구리 부근에 옵니다. 여기서 대략 두 배 정도 되는 위치에 손바닥이 있습니다. 손바닥도 생각보다 큰 부위입니다. 손을 펼치면 얼굴을 덮을 정도의 크기가 됩니다.

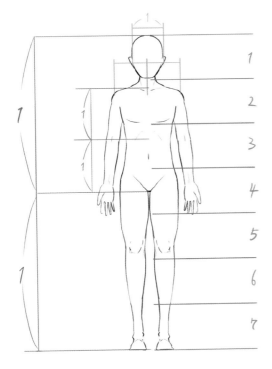
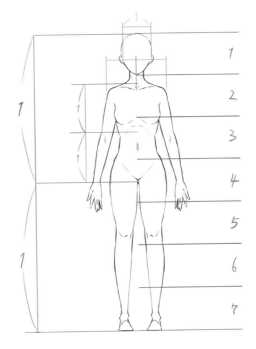

그림 2-38 신체 비율

POINT

이 밖에도 관절의 가동 범위나 방향에 관한 지식, 그리고 근육에 관한 지식이 있으면 보다 사실감 있게 그릴 수 있습니다만, 이것들을 종합해서 다 적용하려고 하다 보면 복잡해서 그리는 것이 어려워집니다. 우선은 이번에 본 것처럼 신체 비율과 크기를 익히는 것에서부터 시작합시다.

데포르메

캐릭터의 매력을 끌어내기 위해서 사용되는 방법으로 데포르메가 있습니다. 데포르메란 요소를 생략하고 간략화하여 특징을 드러내고 강조하는 것입니다. 도트 그래픽에서는 캐릭터뿐만 아니라 대부분의 요소에서 이 데포르메가 중요합니다만, 특히 캐릭터를 그릴 때는 보다 중요한 기술이 됩니다. 애니메이션의 캐릭터 등에도 데포르메 기술이 많이 사용되고 있습니다.

데포르메에는 강도가 있어서, 그림 2-39의 그림에서는 오른쪽에서 왼쪽으로 갈수록 데포르메가 점점 강해지고 있습니다. 데포르메를 강하게 하면 할수록 그려야 하는 요소는 줄어들지만, 그만큼 전체의 밸런스 감에 주의해야 하기 때문에 반드시 그림이 쉬워진다고

할 수는 없습니다.

데포르메에서 「적은 요소를 가지고 얼마만큼 그리고 싶은 것에 근접할 수 있는가」하는 부분은 이 Chapter의 제일 앞에 나왔던 점근화 기술이기도 합니다. 거기서도 소개한 바와 같이 그리고 싶은 것이 가진 요소를 강조하는 것은 중요합니다만, 또 한 가지 중요한 요소가 있습니다. 그것은 데포르메하려고 하려는 사물의 원래 모습이 어떻게 되어 있는지를 항상 염두에 두고, 지금 그리고 있는 부분이 원래 어떤 구조를 하고 있었는지를 생각해야 한다는 것입니다.

그림 2-39 데포르메 강도 차이

예를 들면 그림 2-40의 왼쪽 그림은 도트 그래픽으로 데포르메된 눈을 그린 것입니다. 실제 눈은 오른쪽 사진과 같이 되어 있습니다. 눈 앞쪽 부분의 복잡한 구조, 눈꼬리에 걸쳐있는 곡선, 쌍꺼풀, 눈동자, 눈동자의 하이라이트(반사되는 빛), 속눈썹, 눈썹, 애교살 등 다양한 요소가 눈을 구성하고 있습니다만, 해상도가 낮은 도트 그래픽으로 그 모든 것을 표현하는 것은 어렵습니다. 그렇기에 몇 가지 요소를 골라 그리는 것입니다. 이때 그리고 있는 곳을 데포르메하기 전에 원래 어떠한 구조였는지를 항상 상상하도록 합시다.

눈 앞쪽 부분부터 눈꼬리까지의 라인은 위에 쌍커풀 라인이 들어가기 때문에, 눈 밑의 라인보다 강조될 것입니다. 눈동자는 원래 구의 모양을 하고 있기 때문에 좌우에서 빛이 들어오는 방식이 다릅니다. 눈 밑에는 애교 살이 있기 때문에 빛이 닿는 부분의 밝기가 변화하게 되고, 하이라이트가 원래 눈동자가 가진 투명감을 연출하고 있습니다. 이와 같이 데포르메하기 전의 원래 모습을 항상 상상함으로써, 어디를 강조하고 어디를 생략하여 그릴 것인지를 보다 명확히 하는 것이 가능해 집니다.

CHAPTER. 2

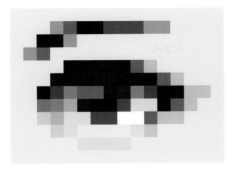 

그림 2-40 실제 눈과 그림의 비교

 POINT

데포르메는 그리는 연습 이상으로 사고법의 훈련, 그리고 습득이 중요합니다. 여기서 데포르메를 그리는 순서를 자세하게 소개하지 않는 것은 그런 이유 때문입니다. 데포르메는 아무리 그림을 흉내 내어도 왜 거기 그곳이 그렇게 되는지를 이해하지 않으면 응용할 수 없으며, 다른 사물을 그릴 수가 없습니다. 그러나 여기에서 소개하고 있는 사고 방법을 염두에 두면 다양한 사물을 데포르메하여 그릴 수 있게 됩니다. 나아가 도트 그래픽 자체의 기술 향상으로도 이어질 것입니다.

ULTIMATE PIXEL CREW REPORT

CHAPTER. 3

Title: 테마 · 콘셉트 · 이야기

THEME / CONCEPT / STORY

Introduction:

그림을 그리는 데 있어서「무엇을 그리는가」의 출발점, 최초의 한 발짝이 되는 것이 바로 테마와 콘셉트를 결정하는 일입니다. 그림을 그릴 때에는 우선 지금부터 그리는 그림의 축을 먼저 결정합시다. 비유하자면 그림의 설계도나 지도, 최종 목표와 같은 것입니다. 무엇을 그리고 싶은지, 어떻게 보여지기를 원하는지를 명확하게 해두면, 흔들리지 않고 그림을 그릴 수 있게 되며 모티베이션을 유지할 수 있습니다. 그림 자체의 설득력도 올라갈 것입니다.

테마와 콘셉트를 빌드업한다

그림을 그릴 때는 우선 그림에서 무엇을 표현하고 싶은지를 명확하게 해야 합니다. 그리고 싶은 것을 떠올리고 글씨나 스케치로 그려보면 좋을 것입니다. 그렇게 함으로써 지금부터 그리려고 하는 그림에 대한 자신의 생각이 명확해집니다. 생각이 명확해지면 자연히 그림의 테마가 떠오르게 됩니다. 테마를 생각하여 조금 더 알기 쉽게 하면 콘셉트가 생겨납니다. 「무엇을 어떻게 보여줄 것인가」의 "무엇을" 부분이 테마이며, "어떻게" 부분이 콘셉트입니다. 경우에 따라서는 콘셉트부터 떠오를 때도 있습니다. 테마와 콘셉트를 확실하게 맞춰갑시다.

여기서 결정하는 테마와 콘셉트는 그 후 이어지는 구도나 색·애니메이션의 구성 등의 결정에 크게 연관이 있습니다. 이를 애매하게 놔둔 상태로 진행하다 보면 색이나 구도가 제대로 결정되지 않고 가다가 막혀버리는 일도 있으니 주의합시다.

테마와 콘셉트에 대해 충분히 생각했다면 지금부터 그릴 그림의 세계를 확장해 갑니다.

이 그림은 어떤 세계인지, 누가 있는지, 무엇이 있는지 머릿속에서 조금씩 그림 속의 세계를 구축해 갑시다. 또 그 안에서 테마와 콘셉트에 맞는 설정을 취사선택합니다. 그렇게 그림 속의 이야기를 만들어 나갑니다. 이야기가 있으면 그림을 보는 사람에 대한 설득력이 높아지게 되고, 자신이 그 그림 속에 무엇을 그리면 좋을지에 대한 길잡이가 되기도 합니다.

테마·콘셉트·이야기를 만들어가는 순서는 딱히 중요하지 않습니다. 무엇을 중시하고 싶은지를 고려하면서 만들어 가면 됩니다. 또한 반대로 자신이 그리고 싶은 모티브나 상황 등, 테마·콘셉트·이야기를 구성하는 세세한 요소부터 쌓아올리는 방법을 사용해도 아무 문제 없습니다.

[예시] 편의점

어떤 편의점이 통합되어 없어진다는 뉴스를 듣고, 그 「쓸쓸함」과 밤에 편의점이라고 하는 「평범한 한숨 돌리는 장소」를 표현한 작품.

테마 : 밤의 편의점　　　　콘셉트 : 「평범함」과 「쓸쓸함」
이야기 : 혼자 있고 싶어서 아무 생각 없이 편의점에 가서 한숨을 돌리고, 그 거리의 평온함에 안심
이 되는 기분을 느끼는 이야기

그림 3-1 편의점 그림

아이디어는 어디서 나오는가

테마와 콘셉트, 이야기를 정하기 위해서는 자신의 머릿속에 있는 것들을 사용하지 않으면 안 됩니다. 자기 속에 아이디어를 쌓아두어 최초 단계에서 실패하지 않도록 해둡시다. 아이디어는 항상 여기저기 널려 있습니다. 그러나 그것을 제대로 아이디어로서 인식하지 않으면 흔히 굴러다니는 돌맹이나 마찬가지입니다. 무엇을 재미있다고 생각하는지, 무엇을 보고 어떻게 느끼는지를 「인풋」으로서 기억에 남겨둡시다.

또한 그림 이외에 좋아하는 것들을 찾거나 새로운 취미에 도전하는 것도 좋을 것입니다. 그러면 자신의 아이디어를 인식하는 센서를 민감하게 만들 수 있습니다.

UPC의 맴버들 또한 사진을 찍으러 나간다거나, 음악이나 영화, 게임 등을 통해 이런 것을 갈고 닦습니다. 그 밖에도 인터넷 서핑, 독서, 미술관이나 동물원 등 사람마다 아이디어를 얻는 곳은 다릅니다. 열심히 찾으려고 하는 시점을 가지면 내 주변의 다양한 것들이 인풋이 되고, 나아가 그 인풋이 기점이 되어 다음 아이디어가 탄생합니다.

아이디어가 떠올랐을 때의 신선한 기쁨이나 감정은 형태로 남겨두지 않으면 곧 잊어버리게 됩니다. 생각이 미친 시점에서 메모나 스케치 등을 해둠으로써 기억에 남겨두도록 합시다. 그리고 아이디어는 살아있

는 것이라고 생각하는 것이 좋습니다. 아이디어 자체가 열화된다기보다는, 자기 자신의 체험이 항상 업데이트되어가기 때문에 시간이 지난 아이디어는 점점 선택하기 어려워지기 때문입니다.

한동안 그대로 놔두면 좋아지는 경우도 있지만, 모티베이션을 유지하기 위해서는 그 기세에 맡겨두는 것이 중요할 때도 있습니다. 그러므로 아이디어가 떠올랐을 때 바로 행동에 옮기는 것도 중요합니다.

또한 인풋이 부족할 때에도 스케치북에 대충이라도 좋으니 잔뜩 그린다는 방법도 있습니다. 마음이 가는 대로 손을 움직이고 낙서하듯 그림을 많이 그리다 보면 작은 아이디어가 연결되고, 그 다음에는 그리고 싶은 그림의 테마가 떠오르기도 합니다.

이 밖에도 아이디어를 내는 방법은 다양하게 있습니다. 공통적으로 중요한 것은 「아이디어를 내기 위해서 사물을 본다」는 사고방식입니다.

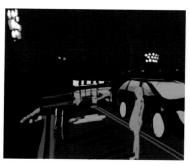

그림 3-2 세 명의 스케치 그림

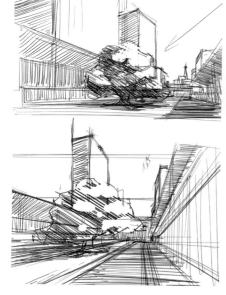

아이디어 창출을 위한 힌트

아무리 생각해도 아이디어가 떠오르지 않을 때가 있습니다. 이럴 때에는 아이디어를 생각하는 것을 잠시 내려놓고 다른 일을 해보는 것도 좋습니다. 참고로 아이디어가 떠오르지 않을 때 UPC 멤버들은 어떻게 행동하는지에 대한 예시를 들어보겠습니다.

· 인터넷 서핑
· 산책
· 망상
· 다른 것을 만든다
· 게임을 한다
· 그림을 음악을 듣는다 etc…

각각의 대답에 이렇다 할 공통점은 없지만, 기본적인 사고의 흐름은 앞에서 말한 인풋 작업과 마찬가지입니다. 아이디어가 나오지 않는 상황은 인풋이 고갈되었기 때문에 일어나는 현상이므로, 이를 해결하기 위해서는 실제 작업과 동떨어진, 인풋이 되는 체험을 하는 것이 근본적인 해결책인 것입니다. 그러므로 적극적으로 인풋을 얻기 위해 움직이는 것이 중요합니다. 또한 아이디어를 창출하지 못하는 상황에 처했다면 휴식을 하고 리프레시하는 것도 중요합니다. 아이디어가 나오지 않는 상황에서 마구잡이로 진행하는 데에는 한계가 있으므로, 한번 정도는 리셋을 하고 다시 시작해 보면 앞으로 나아갈 수 있게 될 것입니다.

CHAPTER. 3

오리지널리티

기본적으로 오리지널리티는 자연스럽게 배어나오는 것입니다. 작가 자신이 작품의 오리지널리티가 적다고 느끼고 있다 하더라도, 의외로 다른 사람이 보면 작가만의 개성이 넘치는 작품이 되어 있는 경우도 많이 있습니다. 오리지널리티는 당신이 키워온 것들(경험이나 연습, 기호 등)이 쌓이면서 만들어집니다. 의도적으로 흉내를 낸 것이 아닌 한, 당신이라는 필터를 통해 출력된 것이므로 의도하지 않아도 개성이 만들어집니다.

그러니 오리지널리티를 내고 싶다면 그리기 시작하기 전부터 이리저리 궁리하기 보다는 우선 그려보는 것이 좋습니다. 그렇게 해서 몇 가지 그린 것들을 펼쳐놓고 살펴보면 자신이 알아채지 못했던 기호나 경향이 보일 것입니다. 이것들을 확장해 감으로써 보다 강한 오리지널리티가 탄생합니다.

그러나 얼른 명확한 오리지널리티를 갖고 싶은 경우도 있을 것입니다. 그럴 때에는 "앞으로 서서히 나타나게 될 자신의 경향"을 먼저 결정하면 좋습니다. 알기 쉽게 말하자면, 하나하나의 작품 콘셉트에 일관성을 두는 것입니다 예를 들면 전체적으로 그림의 톤을 빨갛게 한다던지, 그림 속에 투명감이 있는 것을 많이 그려 넣는다던지 하는 것 등입니다. 또한 이 방법은 그릴 것이 정해져 있기 때문에 그림을 그려나가기 쉽다는 장점도 있습니다.

ULTIMATE PIXEL CREW REPORT

CHAPTER. 4

Title:

원근법

PERSPECTIVE

Introduction:

원근법이란 그림을 그릴때 가까이 있는 것과 멀리 있는 것을 구별하여 그리기위해 생겨난 사고방식입니다. 풍경이나 캐릭터 등 어떤 것에도 적용할 수 있으므로 기억해 둡시다. 또한 이것을 구사함으로써 대상 실물을 연상시키는 입체감을 그림에 부여하는 것도 가능하며 구도를 정할 때의 지침이 되기도 하고, 또 일부러 사용하지 않는다는 선택지도 생겨나게 됩니다.

원근법

공기원근법

공기원근법은 공간이 넓은 풍경화에서 자주 볼 수 있습니다. 가까운 곳과 멀리 있는 것에 색깔의 차이를 둠으로써 원근감을 내는 방법입니다. 예를 들면 푸른 하늘 등이 보이는 경우, 멀리 있는 부분에는 청백색 하늘과의 색깔의 차이를 적게 하고, 가까이 있는 것에는 컬러를 진하게 해서 공간을 표현합니다. 이 표현 방법은 공기층이 하늘의 빛을 뿌옇게 난반사시켜 일어나는 현상을 바탕으로 하고 있으며, 멀리 있을수록 공기층이 두꺼워져 영향이 더 강해지게 됩니다. 기본적으로는 멀리 있을수록 하늘의 색에 흰색이 더욱 진해지게 됩니다.

그림 4-1 공기원근법의 작례

중첩(Overlap)원근법

중첩원근법이란 복수의 물체들이 겹쳐져 있는 그림을 그릴 때, 겹쳐지는 사물 중 가장 앞쪽에 그려져 있는 것들은 화면 가까이, 가려져 있는 것들은 그보다 멀리 있는 것처럼 보인다는 것을 이용한 방법입니다.

다음에 설명하는 투시도법과 같이 사용하면 보다 리얼한 표현이 가능하며, 또한 그림 4-2와 같이 표현함으로써 세련된 화면이 됩니다. 간단하지만 여러 가지로 응용이 가능한 표현 방법입니다.

그림 4-2 중첩원근법의 작례

투시도법

우선 투시도법에 대하여 간단하게 설명하겠습니다. 자세하게 적으면 설명이 복잡해지니, 이 자리에서는 간략하게 요점만을 설명하도록 하겠습니다.

일점투시도법

소실점 한 개와 평행선을 조합해서 형태를 잡아가는 방법으로, 대칭 구도 등과 상성이 좋습니다. 그리는 방법은 소실점을 눈높이[1] 선상에 하나 두고 평행선과 조합하여 그립니다.

정육면체를 정확하게 그리고자 할 때는 눈높이 선상에 소실점과의 거리가 같은 보조 소실점을 두 개 잡고, 그 점을 기준으로 보조선을 그어 정사각형 격자(그리드)를 파악하는 방법도 있습니다.

[1] 눈높이는 많은 경우에는 지평선을 가리키지만, 정확하게는 감상자의 눈이 바라보고 있는 방향에 따라 정해지는 소실점이 존재할 수 있는 수평선을 말합니다. 여기서는 지평선 눈높이로 사용합니다.

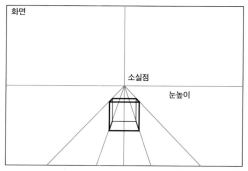

그림 4-3 일점투시도법

이점투시도법

눈높이에 두 개의 소실점을 만들어 두 개의 소실점을 두고 형태를 취하는 방법입니다. 이 이점투시도법이 투시도법의 기본입니다. 삼점투시도법과 마찬가지로, 그 대상물을 입체적으로 그리는 데에 필수적이라 할 수 있는 방법입니다. 화면의 너비와 소실점의 위치에 따라 화각(앵글)이 결정됩니다. 소실점이 화면 밖에 멀리 있을수록 작아지며, 화면 중심에 가까워질수록 커지게 됩니다. 소실점의 위치가 화면 양 끝에 올 경우에는 화각이 90도가 됩니다.

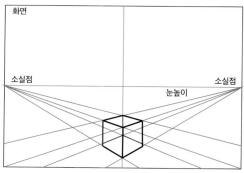

그림 4-4 이점투시도법

삼점투시도법

이점투시도법의 위나 아래에 또 하나의 소실점을 추
가하여 그리는 방법입니다. 높은 곳에 있는 것이나
가까이 붙어 있는 것을 그릴 때 사용합니다. 원근감
이 더욱 강조되기에 드라마틱한 그림에 잘 맞습니다.

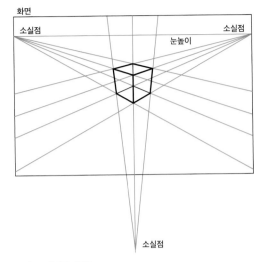

그림 4-5 삼점투시도법

이 세 가지가 투시도법의 기본이며, 이론상 180도
부근까지의 화각은 이 방법들을 사용하여 그릴 수가
있습니다. 또한 일점투시도법과 이점투시도법은 어
떤 의미에서는 같은 것으로, 일점투시도법에도 사실
은 화면 밖에 무한하게 멀어지는 소실점이 존재하고
있습니다. 그러나 너무 멀리 있기 때문에 그림 안에
서는 소실점에서 그은 선은 평행선으로서 존재하고
있습니다. 소실점을 하나로 그릴지 두 개로 그릴지는
그리고 싶은 대상의 각도나 위치에 따라 결정되며,

한 개의 그림 속에 공존하는 경우도 있습니다.
그림 4-6과 같이, 평행한 위치에 놓여 있지 않은 여
러 개의 물체가 있는 그림에서는 각각의 물체마다 소
실점이 결정됩니다. 또한 서로에게 다른 관계의 소실
점을 갖게할 때에는 화면상에 일점투시도법의 격자
선(그리드 라인, 그림 4-6에 있는 노란색 선)을 만들
고 이를 바탕으로 소실점의 위치를 찾습니다. 이렇게
함으로써 같은 화각의 물체를 서로 다른 위치에서 랜
덤하게 그릴 수가 있습니다.

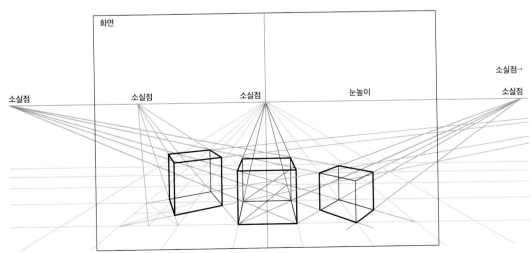

4-6 물체별로 존재하는 소실점

깊이와 화각

기본적으로 투시도법은 이해할 수 있다면 매우 간단하게 생각할 수 있어 좋습니다. 쉽게 말하자면 말하자면 「눈높이」와 「소실점」을 잡고, 이를 바탕으로 하여 형태를 만들면 됩니다. 그러나 어려운 것은 그것이 아닙니다. 정확성을 요한다면 「화각」과 「깊이」의 관계를 보다 복잡해지기에 이해하기 어렵게 됩니다. 하나의 물체를 어림짐작으로 그리는 것은 어느 정도 할 수 있지만, 두 개 이상이 되면 각 사물의 크기나 길이의 비율이 정확성을 갖는 것이 어려워집니다. 여기서 중요한 것이 깊이와 화각입니다.

투시도법에서 깊이와 화각을 잡는 법

화면 내에 복수의 정사각형을 배치하려고 하는 경우를 생각해 봅시다.

1 화면 안에 눈높이를 설정하고 중심선을 한 가운데에 긋습니다. 교차점에서 보조선을 좌우 대칭으로 그어 일점투시도법의 보조선으로 삼습니다.

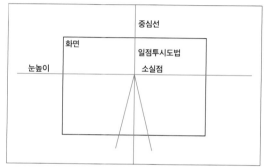

그림 4-7 화각을 잡는 공정 1

2 일점투시도법의 보조선을 바탕으로 적당한 위치에 정사각형을 배치합니다. 첫 정사각형은 자유롭게 그립시다. 이 단계에서 정사각형의 「깊이(직각 방향의 길이, 화면을 기준으로 가깝고 먼 정도)」를 화각에 딱 맞게 정하기는 어렵기 때문에, 그리고 싶은 정사각형을 상상하여 외견을 중시하며 그립니다. 아직 화각이 결정되어 있지 않은 단계에서는 깊이의 폭이 어떻든 투시도법적으로는 정사각형으로 인식할 수 있습니다. 정사각형이 배치된 순간에 화각과 깊이가 결정됩니다.

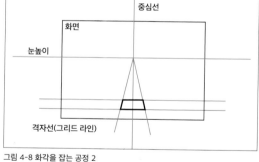

그림 4-8 화각을 잡는 공정 2

3 사각형이 배치되면 격자선을 확정할 수 있습니다.

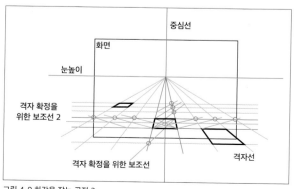

그림 4-9 화각을 잡는 공정 3

4 그 정사각형의 대각선을 눈높이 선까지 늘리면
이점투시도법의 소실점이 확정됩니다.

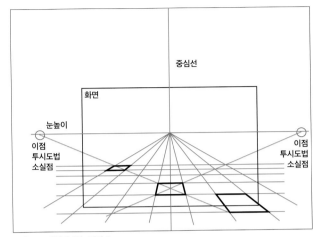

그림 4-10 화각을 잡는 공정 4

5 일점투시도법의 소실점을 중심으로 이점투시
도법(의 소실점)을 지나는 정사각형을 그리면
수평, 수직 화각 90도의 프레임이 완성됩니다.

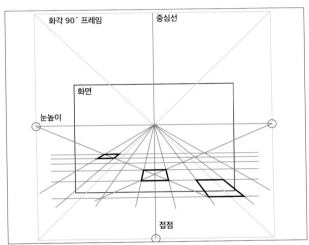

그림 4-11 화각을 그리는 공정 5

6 세로 중심선과 정사각형의 아랫변이 만나는
곳부터, 캔버스(화면)와 눈높이 선이 만나는
점까지 좌우 양쪽 모두 선을 긋습니다. 이렇게
하면 정사각형의 밑변과 중심선의 접점에 생
긴 모서리 부분의 각도가 화각이 됩니다.

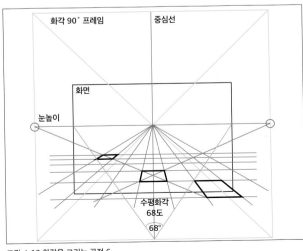

그림 4-12 화각을 그리는 공정 6

POINT

지금까지 화각을 정확하게 구하는 방법을 설명했지만, 실제로는 화각을 먼저 완전하게 결정하는 것은 추천하지 않습니다. 화각을 먼저 결정해 버리면 깊이 관계를 화면 내의 대비가 아닌 계측과 계산으로 구해야 하기 때문에 작업이 어려워지는데다, 노력한 것에 비해 효과가 별로인 경우가 대부분입니다. 어느 정도 화각의 효과를 생각한 상태에서 화각을 적당히 결정해 봅시다. 우선은 화각을 상상하여 화면 내에 오브젝트를 배치하고, 그 다음에 화각과 투시도법을 도출하여 수정을 하면서 원하는 화각에 가깝게 만든 후 그 밖의 것들을 그려나가는 순서로 진행하는 것이 효율적입니다. 세세한 숫자값이 아니라 화각에 따른 효과를 인식하는 것이 중요하기 때문에, 지금부터 화각의 효과에 대해서 알아 보겠습니다.

화각에 따른 인상의 차이

지금까지는 원근감을 주는 법 등 깊이를 그리는 방법을 배웠습니다만, 이것을 어떤 범위로 잘라내느냐에 따라 화각이 정해집니다. 이를 통해 같은 장소를 그리더라도 서로 다른 효과를 얻을 수가 있습니다. 그렇지만 설명만으로 이해하는 것은 매우 어려운 일이기에, 보다 감각적으로 이해하는 방법을 시도해 봅시다.

우선 한쪽 눈을 감고, 양손을 최대한 뻗어 엄지손가락과 검지손가락으로 사각형을 만듭니다(그림 4-13). 그 다음에 손을 가까이 하여 잘라내는 범위를 크게 해봅시다(그림 4-14). 그러면 아까보다도 보이는 범위가 단순하게 넓어지고 인상이 크게 바뀔 것입니다.

만약 범위는 그대로 두고 눈에 보이는 인상을 바꾸고 싶다면 손으로 만든 사각형을 손을 뻗었을 때보다 얼굴에 가까이 당겨온 상태에서 몸 전체를 그대로 앞으로 숙여봅시다. 인상이 달라진 상태로 같은 범위만큼 잘라낼 수 있을 것입니다.

이러한 이미지가 머릿속에 잡혀 있으면 화각에 따라 달라지는그림의 인상을 컨트롤할 수 있게 됩니다.

그림 4-13 좁은 화각으로 보았을 때

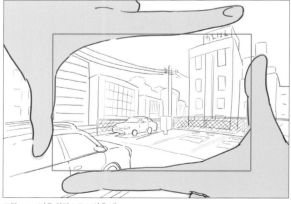

그림 4-14 넓은 화각으로 보았을 때

망원·광각

화각에 따라 인상이 바뀐다는 것을 알게 되었으니, 화각의 차이에 따라 어떤 효과가 있는지 자세히 살펴봅시다. 사람의 눈이 자연스럽다고 느끼는 화각은 40도에서 50도라고 합니다. 그 상태에서 화각을 좁혀가면 「망원」, 넓혀가면 「광각」이라고 부르는 그림이 됩니다.

망원이란 그 이름대로 먼 곳을 보고 있는 것과 같은 상태입니다. 앞에서 손으로 화각을 잡아보았을 때, 처음에 멀리 손을 뻗어 화면을 잘라낸 상태가 망원입니다. 망원에서는 "깊이의 압축"이라는 효과가 생겨납니다. 깊이가 압축됨으로써 사물의 두께가 없어지게 되면서 멀리 있는 것들도 가까이 있는 것들도 다 똑같아 보이게 됩니다. 사이드뷰의 그림은 극단적인

망원 구도의 그림이라고 할 수 있습니다. 안정적이고 침착하면서 조용한 인상을 줍니다.

반면 광각은 보다 넓은 범위를 보여주는 상태입니다. 앞서 언급했던 손을 가까이 당겨서 화면을 잘라낸 것과 같은 상태입니다. 광각에서는 원근감이 다이내믹해져 바로 앞에 있는 것이 보다 크게 보이고 멀리 있는 것이 보다 작게 보입니다. 액션캠에는 주로 광각 렌즈가 사용되는 일이 많기에, 액션캠의 영상을 상상하면 이해에 도움이 될 것입니다. 광각은 다이내믹하고 극적인 인상을 줍니다.

왜곡

렌즈를 떠올려보면 바로 알 수 있겠지만, 렌즈는 옆에서 보면 동그랗게 되어 있습니다. 이 때문에 망원에서는 별로 느끼지 못하지만 광각이 되면, 자연스럽게 화면의 양쪽 끝이 왜곡되는 현상이 일어납니다. 또한 렌즈의 질에 따라서는 화상이 비뚤어져 색이 바뀌는 「색 수차」라고 하는 현상이 일어나는 경우도 있습니다. 원래 사진을 찍을 때는 이런 요소들은 좋지

않은 것들로 여겨 소프트웨어로 보정하는 경우가 많지만, 그림을 그릴 때에는 일부러 이러한 효과들을 추가함으로써 더 리얼해보이도록 만들기도 합니다. 그림 4-15를 보면, 원래는 직선인 라인이 화면의 양 끝에서 왜곡된 것을 알 수 있습니다. 일부러 렌즈의 왜곡을 표현함으로써 더 리얼해보이도록 표현한 것입니다.

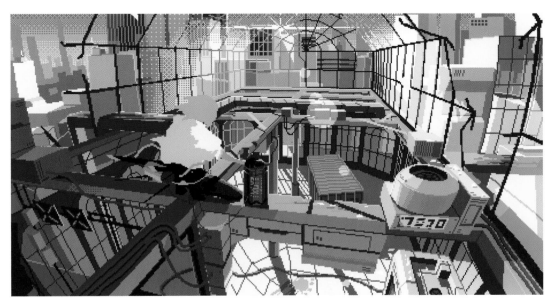

그림 4-15 렌즈의 왜곡을 활용한 작례

또한 그림 4-16에서는 색 수차를 추가함으로써 렌즈로 촬영한 것처럼 보이는 효과를 노리고 있는 것을 알 수 있습니다.

그림 4-16 렌즈의 색 수차를 활용한 작례

어안 렌즈는 평범한 렌즈와는 다른 방법을 사용하여 극한까지 보여주는 범위를 넓힌 것입니다. 마치 물고기의 눈과 같이 동그랗고 큰 모습을 하고 있기 때문에 어안 렌즈라고 합니다.

그림 4-17의 예와 같이, 어안 렌즈가 만드는 상은 구체에 가까워져 화상의 끝은 극단적으로 왜곡됩니다. 특수한 효과를 표현하고 싶을 때 사용해 볼 가치가 있을 것입니다.

그림 4-17 어안 렌즈를 활용한 작례

DRILL   THINK HARD

ULTIMATE PIXEL CREW REPORT

CHAPTER. 5

Title: 화면구성·구도

LAYOUT / COMPOSITION

Introduction:

구도라는 것은 자신이 의도한 콘셉트를 전달하기 위한 인자로서 큰 역할을 합니다. 보는 사람에게 어떤 인상을 주고 싶은지에 따라 구도를 바꿉시다. 구도는 그리는 사람과 보는 사람의 보는 사람을 이어주는 다리 역할을 합니다.

화면구성·구도의 기본

구도에 따른 인상의 차이

우선은 앞 Chapter에서 설명한 원근법을 사용하여 구도에 따른 인상의 차이를 봅시다.

그림 5-1과 같이 눈높이를 낮은 위치(로앵글 구도)로 하면 드라마틱하고 압도적인 그림이 되고, 그림 5-2와 같이 높은 위치(하이앵글 구도)로 하면 객관적이고 평온한 그림이 되는 경향이 있습니다. 또한 그림 5-3과 같이 일반적인 눈높이 부근으로 설정하면 친근감 있는 그림이 됩니다.

그림 5-1 눈높이가 낮은(로앵글) 구도

그림 5-2 눈높이가 높은(하이앵글) 구도

그림 5-3 눈높이 구도

화각에 따른 인상의 차이

그림 5-4와 같이 화각이 넓고 원근감이 극단적인 경우는 드라마틱하고 불안정한 인상을 주고, 그림 5-5와 같이 화각이 좁고 원근감이 별로 없는 경우에는 안정감이 있고 움직임이 희박한 인상을 줍니다.

그림 5-4 화각이 넓고 원근감이 있는 구도

그림 5-5 화각이 좁고 원근감이 별로 없는 구도

거리감에 따른 인상의 차이

물체끼리의 원근이 극단적인 경우는 가까이 있는 것이 강조되고, 멀리 있는 것의 인상이 약해집니다. 거리감이 같은 경우는 양쪽 모두 비슷하게 보입니다. 그림 5-6의 왼쪽 그림에서는 꽃이 앞쪽에 옴으로써 사람보다도 강조된 것을 알 수 있습니다. 그에 비해 그림 5-6의 오른쪽 그림에서는 꽃과 사람이 같은 거리감을 주고 있기 때문에, 양쪽 모두 동일한 정도의 인상을 줍니다

그림 5-6 물체의 거리감 비교

비중·밸런스

다음으로 화면의 비율을 살펴봅시다. 화면을 구성하는 요소는 「주제」, 「부제」, 「네거티브 스페이스(Negative Space)」 이렇게 셋으로 나눌 수 있습니다. 주제란 그 그림의 타이틀 역할을 하는 피사체를 말합니다. 부제는 주제를 둘러싼 사물들을 말하며, 네거티브 스페이스란 아무것도 없거나 그에 준하는 공간을 말합니다. 네거티브 스페이스는 배경, 주변 환경으로서 부제와 어우러지는 경우가 많으니 그릴 때 주의합시다. 화면에 주제(메인, 전달하고 싶은, 그리고 싶은)가 되는 물체가 크게 비춰진 경우에는 시선을 잡아당기는 힘이 강해져서 주제에 눈을 뺏기게 되어

부제와의 관계성이 희박해집니다. 이 주제와 부제의 비율을 비중이라고 하며, 비중이 높을수록 그 물체의 시선을 끄는 힘이 세집니다. 주제의 비중이 부제의 비중과 같거나 적은 경우에는 부제와의 관계성이 강해져 시선을 끄는 힘이 약해집니다.

네거티브 스페이스는 인접해 있는 주제와 부제의 인상을 강하게 만들어 주지만, 너무 크면 무미건조한 그림이 되어 버립니다.

그림 5-7 오브젝트별 비중 차이 비교

그림은 기본적으로 중앙에 눈이 갑니다. 이를 전제로 주제와 부제를 배치합니다.

좌우의 그림적인 무게가 균등한 경우 안정되어 보이며 움직임이 없는 그림으로 보입니다(그림 5-8 왼쪽). 어느 한쪽으로 치우침이 있는 경우 움직임이 있는 그림이 됩니다(그림 5-8 오른쪽). 또한 좌우 대칭으로 구도를 잡는 것을 시메트리(Symmetry, 대칭)라고 부르는데, 잘만 사용하면 조용하고 깔끔한 구도가 됩니다. 하지만 잘못 사용하면 촌스럽고 정리되지 않은 그림이 되기도 합니다.

불안정한 공간이 있으면 보는 사람은 그 공간의 이유

를 찾게 됩니다. 납득할 수 있는 이유를 찾을 수 있다면 보는 사람은 이해를 하게 되고 그것이 그 그림이 가진 깊이로 받아들여지게 됩니다.

그림 5-8을 보면, 중앙에 인물이 와 있는 그림은 안정되어 보인다는 것을 알 수 있을 것입니다. 하지만 인물의 시선과 반대되는 공간이 크게 비어 있는 그림은 불안정한 인상을 줍니다. 그렇지만 잘 사용하면 불안감과 독특한 분위기를 연출할 수 있기 때문에 무조건 잘못된 구도라고 할 수는 없습니다. 그러나 잘 사용하기 위해서는 그만큼의 요령이 필요하기 때문에 기본적으로는 안정된 구도 쪽을 추천합니다.

그림 5-8 주제와 네거티브 스페이스 활용 비교

삼각형

주요 요소들을 삼각형의 꼭지점에 배치하면 그림으로서의 밸런스를 유지하면서 움직임을 보여주고 안정감을 줄 수 있습니다. 만들어지는 삼각형이 피라미드형에 가까울수록 안정되고 움직임이 적은 인상을 주며, 삼각형이 거꾸로 된 피라미드형이 되면 불안정하고 움직임이 있는 인상을 줍니다.

삼각형을 구성하는 요소가 반드시 주제와 부제와 같은 명확한 것일 필요는 없습니다. 화면을 구성하는 선이나 색으로 이루어진 면을 이용하는 것도 가능합니다.

그림 5-9 삼각형을 활용한 화면 구성

시선유도

보는 사람의 시선이 어떻게 움직이는지(시선의 흐름)를 고려하는 것을 「시선유도」라고 합니다. 시선유도는 화면을 구성하는 데 있어서 반드시 생각해야 할 중요한 요소 중 하나입니다.

리듬

화면 안의 물체와 구성 요소를, 주제에 눈이 가도록 위치와 크기로 완급을 조절하여 배치하면 보는 사람이 받아들이기 쉬운 그림이 됩니다. 즉, 시선유도를 잘 활용하면 장시간 그 그림을 보게 할 수 있는 기회가 생깁니다. 반대로 너무 많이 사용하면 산만한 인상을 주어 관심을 끌지 못하게 될 가능성도 있습니다. 또한 리듬이 단순한 배치는 안정된 인상과 함께 조화로움이 만들어지기는 하지만, 시선을 끄는 힘이 약한 지루한 그림이 돼버려 화면 안의 구성 요소를 살펴보는 시간도 줄어들게 될 수가 있으니 주의가 필요합니다.

그림 5-10 리듬을 활용한 오브젝트 배치

선

화면의 어느 지점으로 선이 모이고 있다고 느끼게 되면 시선은 자연스레 선이 모이는 방향으로 움직입니다. 그곳에 주제 또는 이야기를 마무리 짓는 요소를 배치하면 보는 사람이 이해하기 쉽고 그림에서 안심감을 느낄 수 있습니다. (반대로) 시선이 도착한 곳에 그림의 주제나 보는 사람이 만족할 만한 어떤 답 등 유도력을 지닌 요소가 없으면 불안정한 그림이 되어 시선이 그림에서 멀어지게 됩니다.

그림 5-11 선을 활용한 시선유도

구도결정을 위한 힌트

구도는 다양한 요소가 어우러져서 결정됩니다. 보는 사람이 어떻게 봐주기를 바라는지에 따라 구성의 방법이 바뀝니다. 여기에서는 구도를 결정할 때 고려해야 할 각종 법칙과 요소에 대해서 해설하겠습니다.

법칙

구도에는 다양한 법칙이 있고, 그런 법칙에 영향을 받는 것에는 좋은 면과 나쁜 면 모두 존재합니다. 중요한 것은 어떤 의도를 가지고 어떤 식으로 보여주고 싶은지를 생각해야 한다는 것입니다. 이를 생각하지 않고 틀(법칙)에 사로잡혀서 화면을 구성하는 것은 의미있는 행위라고는 말할 수 없습니다.
이 항목에서는 자주 사용되는 법칙과 그 효과에 초점을 맞춰 소개하겠습니다. 효과적으로 사용할 수 있겠다 싶을 때는 꼭 적용해 보시기 바랍니다.

삼분할법

화면을 가로·세로로 3등분하는 선을 긋고, 그 교차점에 요소를 배치하는 방법으로 구도를 결정할 때 가장 스탠다드하게 쓰이는 방식입니다. 이 방법은 지나치게 단순한 센터구도나 이분할 구도를 취해서 화면이 단조로워 보이는 경우에 사용하면 효과적입니다.

풍경을 그릴 때는 화면을 가로지르는 선 중 아래쪽 선 부근에 지평선을 두고, 그 지평선과 수직선의 교차점에 각종 요소를 배치하는 것이 일반적인 사용법입니다. 그림 5-12는 인물, 전등, 펜스가 분할선을 따라 배치되어 그림으로서의 안정감이 만들어졌습니다.

그림 5-12 삼분할법을 활용한 구도

정사각형

인간은 조화로운 형태를 보면 안정감과 편안함을 느낍니다. 정사각형, 정삼각형 등은 모든 변의 길이가 같아 안정감을 주고 편안함을 만들어 냅니다.
화면 구성에 정사각형을 활용하는 방법으로는, 화면의 짧은 변을 기준으로 정사각형이 만들어지도록 선을 긋고 그 선 위에 요소를 배치하는 것이 있습니다.

예를 들면 그림 5-13에서는 화면 왼쪽을 한 변으로 하는 빨간 정사각형과, 화면 오른쪽을 한 변으로 하는 파란 정사각형이 만들어지도록 선을 긋고, 그 선 위에 각종 요소들을 배치하였습니다.
이처럼 화면에서 정사각형이 느껴지게 만들면 조화감 있는 그림으로 보이게 됩니다.

그림 5-13 정사각형을 활용한 구도

대각선구도

화면의 대각선을 따라 물체를 배치하는 방법입니다. 화면에서 선을 인식하게 만들고 싶을 때, 화면 안에 삼각형을 만들고 싶을 때, 구성 요소에 크기 차이를 만들고 싶을 때 쉽고 효과적으로 활용할 수 있는 방법이며 따라서 리듬감이 느껴지게 만들기 좋은 구도이기도 합니다. 요소를 크게 배치할 수 있어 안정감과 다이내믹함을 만들어줄 수 있습니다.

그림 5-14 대각선을 활용한 구도

황금비

황금비란 선분 c를 둘로 나누었을 때(선분 a+b=c) a:b=b:c가 되는 비율을 말합니다. 근삿값은 1:1.618입니다. 과학적 근거는 명확하게 확인되지 않았지만 오래전부터 아름답다고 알려진 비율입니다.

또한 이를 활용한 황금사각형(짧은 변과 긴 변의 비율이 약 5:8)은, 이 사각형을 정사각형이 되도록 자르면 정사각형이 아닌 사각형이 새로운 황금사각형이 되어 연속성이 생긴다는 특징이 있습니다. 이 정사각형의 변을 반지름으로 하는 호를 그려 죽 연결하면 황금나선이 됩니다. 이 연속성, 지속성이 안정감을 만들어낸다고 합니다.

이를 구도에 응용한 것이 황금분할법입니다. 화면 상하좌우 네 변을 각각 1:1.618의 비율로 나누고 그 분할점에서 수직으로 그은 선과 각 선들의 교차점을 이용하여 요소를 배치하는 방법입니다.

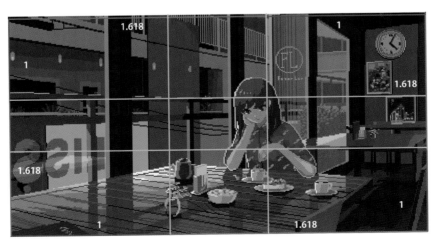

그림 5-15 황금비를 활용한 구도

센터구도, 오프 센터구도

센터구도란 그림의 주된 구성
요소를 화면 중앙에 배치하는
구도입니다(그림 5-16). 중심
의 한 점에 시선이 모이게 만들
수 있으므로 강한 인상을 줍니
다. 그러나 움직임이 없고 조화
된 구도이기 때문에 재미 없는
그림이 될 위험성도 있습니다.
만들기는 쉽지만 다루기는 어려
운 구도입니다.

그림 5-16 센터구도

또한 센터구도를 응용하여 중심에서 아주 조금 벗어나게 하는 것이 오프 센터구도입니다(그림 5-17). 틀에 박
힌 모습에 약간의 움직임을 추가함으로써 시선이 다른 곳으로 향하지 않도록 해준다는 특징이 있지만 그림이
조화롭지 못하다고 느껴지게 되는 경우도 있으므로 주제와 부제의 밸런스에 주의하면서 화면을 구성해야 합니다.

5-17 오프 센터구도

요소

화면 안에 배치하는 구성 요소에는 다양한 것들이 있습니다. 그중에는 특별히 강조해야 할 만큼 효과적인 것들도 있습니다. 요소의 효과에 따라서는 만드는 구도를 바꿀 필요가 있을 것입니다

사람, 시선

화면 안에 사람이 있으면 감상하는 사람의 시선은 좋든 싫든 사람을 보게 됩니다. 그것은 감상자가 "사람"이기 때문입니다. 사람에게는 강한 유도력이 있기 때문에 요소 간의 역학 관계를 바꿉니다. 또한 "눈은 입만큼 말을 한다"는 말이 있듯이 사람은 눈에서 다양한 정보를 얻으려고 하기 때문에 특히 의식을 하게됩니다. 그에 더해 사람은 시선이 향하는 곳을 주목하게 되기 때문에, 눈이 바라보는 방향은 다른 유도요소가 없어도 시선을 유도하는 힘을 갖습니다. 화면을 구성할 때 앞에서 언급한 구도법과 함께 시선도요소 중 하나로서 활용해 봅시다.

그림 5-18 시선을 이용한 구도

문자를 이용한 시선유도

문자라고 하는 것은 단순히 색만 칠한 곳보다도 많은 정보를 포함하게 됩니다. 이 정보는 명확하기에 보는 사람에게 쉽게 전달됩니다. 이 때문에 문자라는 구성 요소는 화면 안에 있을 때 다른 요소에 비해 한층 더 강한 유도력을 보여줍니다.

또한 문화권에 따른 차이는 있지만 기본적으로 문자는 읽는 방향이 정해져 있으므로 화면 전체의 시선을 유도하는 효과도 있습니다. 예를 들면 그림 5-19를 볼 때, 시선의 흐름은 왼쪽에서 오른쪽으로 움직이게 됩니다. 그것은 우리가 왼쪽에서 오른쪽으로 문자를 읽는 것에 익숙해져 있기 때문으로, 알파벳 문자 등이 들어간 화면에서도 이러한 일이 일어납니다. 이렇듯, 문자에는 시선의 움직임을 고정시키는 힘이 있습니다.

그림 5-19 문자를 활용한 그림

POINT

이처럼 문자에 의한 시선유도 효과는 시선을 화면 왼쪽 위로 들어가 오른쪽 아래로 빠져나오게 합니다. 즉, 화면 안에 시간축이 생긴다는 말이 됩니다. 그렇게 되면 화면 왼쪽에는 「시작」, 「미숙」, 「과거」 등의 의미가 생기고, 오른쪽에는 「끝」, 「진화」, 「미래」, 「벽」 등의 의미가 생기게 됩니다.

또한 시선유도가 왼쪽에서 오른쪽으로 막힘 없이 이루어지면 상쾌하고 긍정적인 메시지성을 가지게 되지만, 시선의 끝 지점 등에 무겁고 시선의 유도를 끊을 만한 것이 배치되어 있으면 심각하고 무거운 메시지성을 가지게 됩니다.

프레임, 화면비

여기서 말하는 프레임이란 화면의 틀을 가리키며, 화면비란 그 틀의 가로세로 비율입니다. 최근 디스플레이의 기준 비율은 16:9인데, 인간의 시각은 가로로 넓다는 특성이 있기 때문에 이러한 비율이 널리 퍼지게 된 것입니다. 반면 깊이나 높이 등을 표현하고 싶은 경우에는 세로로 긴 프레임이 효과적입니다.

화면비가 정사각형인 프레임은 가로세로의 조화가 잘 이루어진 인상을 주며, 화면 이곳저곳으로 시선이 움직이게 됩니다. 주제를 강조시키고 나아가 화면 내의 조화를 필요로 하는 경우에는 정사각형의 화면비를 사용하면 효과적입니다. 반대로 화면에 존재하는 구성 요소의 힘이 약하거나 화면 전체를 다 볼 필요가 없는 경우, 이 화면비는 비효율적입니다.

또한 그림 5-20과 같이 화면 안에 새로운 프레임을 만드는 방법도 있습니다. 밝기의 대비나 별도의 요소를 이용해서 화면 안의 어느 부분을 감싸는 것입니다. 프레임은 그 안의 요소를 더 잘 드러내는 효과가 있기 때문에, 강조하고 싶은 것이 있는 경우에는 사용해볼 가치가 있습니다. 최근에는 스마트폰으로 사진이나 일러스트를 보는 경우가 많아졌습니다. 스마트폰 화면에 맞추어 세로로 길게 하거나 정사각형 화면비를 사용하는 것도 고려해 볼 만합니다.

지금까지 구도에 대해 설명했습니다만, 구도는 어디까지나 그림을 구성하는 요소 중 하나에 지나지 않습니다. 구도를 신경쓰다 지나치게 얽매이게 되는 것도 문제입니다. 중요한 것은 "나는 무엇을 어떻게 표현하고 싶은가"입니다. 이것을 전제로 한 상태에서 여기서 언급한 요소들을 잘 활용해 보도록 합시다

그림 5-20 가로로 긴 화면과 화면 내부의 프레임을 활용한 구도

그림 5-21 세로로 긴 화면 구도

ULTIMATE PIXEL CREW REPORT

CHAPTER. 6

Title: 색

COLOR

Introduction:

색은 그림에 있어 필수 불가결한 요소이며 사람의 마음을 움직이는 힘을 가지고 있는 중요한 요소입니다. 우리의 주변은 항상 색으로 넘치고 있으며 빛을 통하여 이를 느낄 수 있습니다. 그러므로 색과 빛, 이 두 가지를 이해하게 되면 그림을 그릴 때에 덜 헤매게 됩니다. 또한 현실 세계에서 작용하는 빛과 물리법칙을 그림에 활용함으로써 설득력을 높일 수 있습니다. 여기에서는 색의 선택과 우리 주변에서 일어나는 색 현상에 대하여 배워보겠습니다. 또한 Chapter 7 「빛·음영」도 함께 읽어보면 더 많은 것을 이해할 수 있을 것입니다.

색과 빛

풍경화에 있어서 색을 생각할 때에는 그 사물 자체가 가지고 있는 색과 거기에 비춰진 빛을 생각하는 것이 중요합니다. 같은 색을 가진 물체라도 빛이 닿는 방향에 따라 색이 바뀌기 때문입니다. 색과 빛에 대해서는 빛의 삼원색, 색의 삼원색을 시작으로 가시광과 파장 등 학술적으로 분류된 세세한 요소가 무수히 존재합니다. 그러나 그 전부를 이해하는 것은 어려우며 그림을 그리기 위해서 모두 이해할 필요도 없습니다. 여기에서는 UPC 멤버들이 그림을 그릴 때에 특히 의식하고 있는 요소들 위주로 해설해보도록 하겠습니다.

물체색과 광원색

색은 물체 그 자체가 가지고 있는 색인 「물체색」과 광원 그 자체가 발하는 색인 「광원색」, 이 두 가지가 주로 작용하여 색깔로 인식됩니다. 예를 들어 빨간 사과가 있다고 합시다. 여기에 하얀 빛을 비추었을 경우와 파란 빛을 비추었을 경우 색이 각각 다르게 보이리라는 것을 쉽게 상상할 수 있을 것입니다. 이와 같이 물체의 색을 생각할 때는 물체가 원래 가지고 있는 색과 물체를 비추고 있는 빛에 대하여 고려해보는 것이 중요합니다. 그리고 이를 바탕으로 물체와 이를 둘러싼 환경이 조화를 이루게 하면 좀 더 그럴듯한 묘사가 가능해집니다.

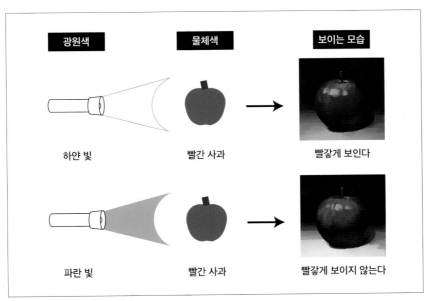

그림 6-1 물체색과 광원색에 따른 차이

색의 삼속성

색에는 「색상」, 「명도」, 「채도」 이 세 가지 요소가 존재합니다(그림 6-2).

색상 : 빨강과 파랑 등 색조를 가리킵니다.
명도 : 색의 밝기를 지칭합니다. 명도가 극한까지 낮아지면 색은 모두 검정으로 수렴됩니다.
채도 : 색의 선명도를 말합니다. 채도가 높은 색일수록 원색에 가까워집니다.

그림 6-2 색상, 명도, 채도

빛의 요소

빛을 구성하는 주된 요소로는 「광도」, 「조도」, 「휘도」 이 세 가지가 있습니다. 이를 고려하면 빛의 균형을 잡고 화면 내의 환경을 통일하여 보다 안정된 그림을 그릴 수 있게 됩니다.

광도 : 광원에서 나온 빛의 양을 말합니다. 광도가 높을수록 강한 빛이 됩니다.
조도 : 물체의 표면이 광원에서 어느 만큼의 빛을 받고 있는지를 나타냅니다.
휘도 : 사람의 눈에 도달하는 빛의 양을 가리킵니다. 이것이 높으면 눈부시게 보이게 됩니다.

휘도는 색의 삼속성 중 하나인 명도와 언뜻 같은 것으로 생각되기 쉽습니다만, 휘도는 빛 그 자체의 강함을 가리키고, 명도는 물체에 의존한 개념으로 대략적으로 설명하자면 "얼마만큼 빛을 반사하는가"를 말하는 것이라 할 수 있습니다. 양쪽 모두 수치가 높을수록 밝게 보이지만, 물체 그 자체가 밝은 색인 것과 빛을 강하게 받아 밝게 보이는 것에는 차이가 있습니다. 이것에 대해서는 이 Chapter의 후반에서 설명하겠습니다.

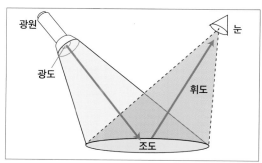

그림 6-3 광도, 조도, 휘도

콘트라스트(대비)

콘트라스트는 「대비」라는 뜻입니다. 그 이름 그대로 밝은 빛과 어두운 빛의 대비를 가리킵니다. 그림에 따라 다르겠지만 일반적으로 콘트라스트가 강할수록 빛이 강하고 음영이 확실하기 때문에 보는 사람에게 극적인 인상을 줍니다. 또한 그림 6-4를 보면 알 수 있듯이 빛이 강한 부분은 인상이 강해지고, 그림자 부분의 물체는 그림자에 묻혀 잘 보이지 않게 됩니다. 그렇기에 빛이 닿아서 음영이 확실히 구분되는 곳은 강조되어 입체적으로 보이지만, 그 외의 부분은 평면적으로 보이게 되는 특징도 있습니다. 이를 이용하여 화면에서 강조하고 싶은 부분을 컨트롤하는 것도 가능합니다.
좀 전과는 반대로 그림 6-5와 같이 콘트라스트가 약한 그림은 빛의 강도가 그림자가 진 쪽도 어느 정도 알아 볼 수 있을 정도의 강도이기 때문에 전체를 균일하게 볼 수 있습니다만, 빛을 이용해서 극적인 인상을 주기는 어렵습니다.
그러나 그림에 따라서는 콘트라스트를 약하게 함으로써 섬세한 그림이라는 느낌을 줄 수도 있습니다.

POINT

콘트라스트가 강한 경우도 약한 경우도 빛이 존재하고 있다는 것에는 변함이 없습니다. 중요한 것은 "광원이 어디에 있는가"를 의식하고 그리는 것입니다. 광원의 강도와 색, 수, 형태를 이미지할 수 있게 되면 어떤 공간이든 자유자재로 그릴 수 있게 됩니다. 그림의 설득력도 훨씬 강해지는 만큼 항상 빛의 존재를 잊지 않도록 합시다. 빛에 대한 상세한 내용은 Chapter7 「빛·음영」에서 설명하겠습니다.

그림 6-4 콘트라스트가 강한 예

그림 6-5 콘트라스트가 약한 예

색의 항상성

우리가 보는 색상은 매우 복잡하게 구성되어 있으며, 주위의 환경광에서 추측하여 그 물체의 색을 무의식적으로 보정하여 보고 있습니다. 예를 들면 노을 등이 그렇습니다. 우리들은 노을이 비춰진 것을 보더라도 원래의 색을 알 수 있습니다. 이것은 그림에 있어서도 마찬가지입니다. 색깔이 있는 빛을 받아 색이 다르게 보이는 하얀 종이를 보더라도 우리들은 흰색이라고 인식합니다. 즉 우리들은 평소에 빛의 색을 빼고 세계를 보고 있다는 것입니다. 이 때문에 조금 전에 설명한 빛 자체가 가진 색인 「광원색」을 완전히 잊어버리는 경우가 종종 있습니다. 그림을 그릴 때는 「광원색」을 고려해야 한다는 것을 잊지 말도록 합시다. 그림을 그릴 때

이것을 고려하게 되면 점점 빛에 의한 색의 변화를 체감적으로 알 수 있게 되어, 빛을 표현할 때 표현력이 풍부해지고 설득력이 늘어나게 됩니다.

또한 추가적으로 말하자면 우리 눈에는 이것과 비슷한 「색순응」이라는 기능이 갖추어져 있습니다. 예를 들면 선글라스 등을 썼을 때 느끼는 색의 변화가 시간이 지나면 점점 약해지고 서서히 평소에 보이던 대로 보이게 되는 경험을 한 적이 있을 것입니다. 이것이 색순응입니다. 색순응은 장시간 같은 색을 계속 볼 때에도 발생합니다. 그래서 완성된 그림을 하룻밤 놔둔 다음, 다음날 확인해 보면서 문제가 있는 곳을 찾는 작업은 색이라는 관점에서 보더라도 매우 유효합니다.

그림 6-6 빛에 따른 색 변화의 예

기억색

기억색이란 그 이름 그대로 기억 속에 있는 색을 가리킵니다. 예를 들어 딸기를 상상해 봅시다. 그러면 우리의 뇌는 실제 딸기보다도 선명한 색을 상상하게 됩니다. 이것은 다른 물체들 또한 마찬가지입니다. 우리들은 무언가 색을 의식적으로 기억하려고 하더라도, 눈을 뗀 후에는 바로 실제 색과 기억 속의 색 사이에 차이가 발생합니다. 앞에서 예로 든 딸기처럼 이러한 색의 차이는 주로 명도와 채도에서 나타나고, 대부분의 경우 그 색의 특징이 강조되는 쪽으로 차이가 발생합니다. 선명한 색은 보다 선명하게, 흐릿한 색은 보다 흐릿하게 기억되며, 명도도 마찬가지로 원래의 명도보다 강조되어 기억됩니다. 우리의 기억 속에 있는 풍경에도 마찬가지 일이 발생합니다. 기억 속의 풍경은 보다 선명하고 밝고 아름답게 강조되는 것입니다.

예를 들어 그림 6-7과 같이 벚꽃이 보이는 교실 등 밝은 인상의 장면을 기억색을 바탕으로 배색하게 되면 현실의 색깔보다도 채도가 높아지고 음영의 차가 강해집니다. 또한 꽃 등의 아이코닉(Iconic)한 모티브는 특히 더 선명하게 기억되는 경향이 있어, 창문 밖에 보이는 벚꽃도 실제의 색(옅은 핑크색)보다 선명한 핑크색으로 표현됩니다. 이와 같이 기억색을 의식적으로 이용함으로써 꿈이나 공상처럼 느껴지는 환상적 이미지를 만드는 것도 가능합니다.

그림 6-7 기억색을 활용한 색의 과장

CHAPTER. 6

면적효과

면적효과란 그 색의 면적이 크면 클수록 밝고 선명하게 보이는 일종의 착시입니다. 면적이 넓은 곳은 밝고 선명한 인상이 강해져 지나치게 눈에 띄는 경우가 있기 때문에 그때는 조금 명도나 채도를 낮출 필요가 있습니다. 반대로 면적이 작은 곳은 어둡고 흐릿한 인상이 되므로 인물의 얼굴이나 보이고 싶은 모티브가 작은 경우 등에는 조금씩 더 밝고 선명하게 만들 필요가 있습니다. 특히 도트 그래픽의 경우 한 가지 색으로 넓은 면적을 칠하는 일이 많습니다. 이와 같은 경우에도 그곳이 이상하게 눈에 띄지 않는지 주의하여 색을 조정합시다.

그림 6-8 면적효과의 비교

TIPS

빛과 관련된 효과 중에 베졸트·브뤼케 효과라는 것이 있습니다. 베졸트·브뤼케 효과란 같은 색의 빛이라도 휘도의 차이에 따라 색상이 다르게 변화하는 현상을 가리킵니다. 휘도가 높아지면 청보라색은 보라색에 가깝게, 황록색은 노란색에 가깝게, 빨간색은 노란색에 가깝게 보이게 되며, 휘도가 낮아지면 오렌지색과 적자주색은 빨간색, 황록색과 청록색은 녹색에 가깝게 보이게 됩니다. 단, 파란색, 녹색, 노란색은 빛이 강해져도 색상이 변화하지 않는데, 이것을 「불변파장」이라고 부릅니다.

예를 들어 장작불을 상상해 봅시다. 불꽃이 작을 때에는 빨간색에 가깝게 보이지만, 불꽃이 커지면 노란색에 가깝게 보입니다. 일러스트에서도 피부에 강한 빛이 비춰지는 부분은 노란색에 가깝게, 빛이 닿지 않는 그림자가 진 어두운 부분은 빨간색에 가깝게 표현되기도 합니다. 나뭇잎도 또한 빛이 닿는 밝은 부분은 황록색으로, 그늘이 진 부분은 녹색으로 보입니다.

그림 6-9에서는 베졸트·브뤼케 효과에 의해 타코야키(たこ焼)라고 적힌 등롱 중앙의 휘도가 높은 부분은 노란색을 띤 색으로 표현되어 되어 있지만, 바깥쪽으로 갈수록 빨간색에 가까워지는 것을 알 수 있습니다. 이와 같이 화면에 반영하면 이런 식으로 강한 빛을 표현할 수 있습니다.

그림 6-9 베졸트 브뤼케 효과의 예

ULTIMATE PIXEL CREW REPORT

CHAPTER. 7

Title: # 빛·음영

LIGHT / SHADOW

Introduction:

인간은 빛으로 세계를 파악합니다. 빛이 없으면 당연히 시각으로 색과 형태를 파악할 수 없으며, 또한 빛의 성질이 변함에 따라 빛의 영향을 받은 사물이 어떻게 보이는지도 달라집니다. 빛을 파악하는 법을 이해한다면 조명이 어떻게 배치된 그림이든 상상하여 그릴 수 있기 때문에, 빛과 그림자에 대한 지식은 풍경화뿐만 아니라 다른 그림을 그리는 데 있어서도 매우 중요한 스킬입니다. 여기서는 일상에 존재하는 여러 가지 빛에 대한 이해를 높이고, 작품 제작에 활용하기 위한 방법을 배워봅시다.

낮의 빛

우리가 일상생활을 보내면서 만나볼 수 있는 가장 밝고 또 가장 가까이에서 만날 수 있는 빛이 바로 태양입니다. 태양의 빛은 우리들의 상상 그 이상으로 밝고 강한 에너지를 지녔습니다. 때로는 하늘의 색깔까지도 바꾸며 이 세계의 색상도 변화시킵니다.

낮의 빛은 주로 이 태양이 만들어 냅니다. 태양 하나만 해도 날씨나 시간대 등에 따라 다르게 보이므로 주의가 필요합니다. 이번에는 그 중에서도 자주 보게 되는 「맑은 날」, 「흐린 날」, 「저녁」에 대해서 설명하겠습니다.

맑은 날

맑은 날은 태양이 가장 잘 보이는 날씨입니다. 그러나 단순한 듯하면서도 주의해야만 하는 기후이기도 합니다. 실제로는 태양이 하나라고 해서 환경에 영향을 미치는 광원이 하나만 있는 것은 아니기 때문입니다. 맑은 하늘에는 「태양」, 「푸른 하늘」, 「반사광」이 세 가지가 주 광원으로서 존재합니다. 예를 들면 그림 7-1의 상단에 있는 그림에서는 태양 빛에 의해 길의 절반이 밝게 비춰지고 있습니다. 이에 반해 오른쪽 벽 쪽의 그늘이 드리운 부분은 나무가 그늘을 드리워 태양빛을 직접 받

지 않습니다. 대신 푸른 하늘의 빛이 영향을 주어 파란색이 나타납니다. 그리고 오른쪽에 있는 벽 아랫부분은 태양광이 닿은 하얀 지면이 반사한 빛으로 인해 약간 밝아진 것을 볼 수 있습니다. 그림 7-1 하단의 그림에서도 마찬가지로 빛이 닿는 면은 태양의 영향을, 그늘진 면은 하늘의 영향을 받고 있으며 오른쪽 아래 나무의 아랫부분에서는 반사광의 영향을 확인할 수 있습니다. 이와 같이 영향을 받는 광원의 차이로 각각 보이는 모습이 바뀌며, 각각의 효과가 화면에 맑개 개인 날의 분위기를 자

아내는 요소가 됩니다.

화면 안의 콘트라스트가 강해지는 것도 맑은 날씨의 특징 중 하나입니다. 실제로 사진 촬영을 하려고 할 때 어려운 조명 중 하나가 이 맑은 날입니다. 인간의 눈은 매우 우수한 감각 기관이어서 시각 정보를 뇌에서 보정, 맑은 날의 밝은 장소와 어두운 장소를 동시에 볼 수가 있습니다. 하지만 카메라는 특수한 설정을 적용해 촬영하지 않는 한 그런 것이 불가능합니다. 앞서 말했듯이 태양빛은 상상 이상으로 강하기 때문에, 카메라로 그대로 촬영해 버리면 일부가 하얗게 날아가 버리거나 반대로 그늘 부분이 지나치게 검게 나타나기 때문입니다.

이처럼 맑은 날씨에서는 빛과 그림자 부분의 콘트라스트가 강하다는 것을 염두에 두도록 합시다.

그림 7-1 맑은 날의 작례

흐린 날

하늘이 구름으로 덮인 흐린 날과 비가 오는 날에는, 구름이 빛을 확산시키기 때문에 빛과 그림자의 콘트라스트가 약해집니다. 그림 7-2에서 중앙 건물의 면은 각각 다른 방향을 향하고 있지만 밝기에는 거의 차이가 없고, 골고루 소프트한 빛이 비춰지고 있는 것을 알 수 있습니다. 또한 지면에 드리워진 그림자도 선명한 것이 거의 없고, 접지면 주변이 조금 어두운 정도입니다.

이해를 돕기 위해 예시를 들자면 디퓨저를 떠올려 보시기 바랍니다. 디퓨저란 사진이나 동영상 등을 촬영 시 조명 배치를 할 때에 사용되는 도구로, 광원 앞을 덮는 트레이싱 페이퍼나 얇은 천 등 빛을 일정량만큼만 투과시키는 역할을 하는 장비를 가리킵니다. 디퓨저가 있으면 빛을 부드럽게 하고 공간에 골고루 퍼뜨려 피사체의 콘트라스트를 약하게 만들 수 있습니다. 흐린 날씨는 태양 앞에 구름이라고 하는 디퓨저가 놓인 것과 같은 상태입니다. 구름에 닿은 빛이 확산되어 골고루 공간을 비추고 있는 상태라고 생각하면 이해하기 쉬울 것입니다.

그림7-2 흐린 날의 작례

저녁

저녁에는 빨강이나 오렌지 등의 「따스한 빛」이 비친다는 이미지가 강합니다. 지는 해는 태양광의 입사 각도가 커서 빛이 도달할 때까지 통과해야 하는 공기층이 두꺼워집니다. 이 때문에 파장이 짧은 푸른빛은 공기 중의 먼지와 각종 입자에 난반사되어 닿지 않게 되고, 파장이 긴 빨간빛만이 닿을 수 있게 됩니다. 즉, 해질녘의 빛의 색은 눈의 착각 때문에 그리 보이는 것이 아니라 실제로 빨간색을 띠고 있는 것입니다.

그러나 빨강과 오렌지색 빛만으로 이루어진 화면은 원근감이 명확하지 않고 색상의 폭이 좁은 그림을 만들어 버립니다. 맑은 날과 마찬가지로 빛의 영향을 직접 받지 않는 그늘이 진 부분은 광원이 아닌 요소의 영향을 받습니다. 지는 해의 반대측(동쪽) 하늘은 어두운 청보라색이 되고, 그늘 부분은 이 어두운 하늘의 영향을 받아 청보라에 가까워집니다. 그림 7-3을 보면 광원인 지는 해의 영향을 받은 밝은 면은 따스한 계열의 색깔로 보이지만, 반대로 그늘 부분은 청보라빛 하늘의 영향을 받아 푸른빛이 도는 색을 하고 있습니다. 저녁이라고 하면 지는 해의 따스한 색상이 주는 이미지가 먼저 떠오르지만, 이와 같이 따스한 색 이외의 빛을 고려하면 색상의 폭을 넓혀 그림의 색감을 보다 풍부하게 만들 수 있습니다.

그림 7-3 해질녘의 작례

밤의 빛

밤을 묘사하는 것을 어려워하는 사람들이 매우 많을 것입니다. 이유는 간단합니다. 어둡기 때문입니다. 밤은 낮에 비해 극단적으로 빛이 적어 빛을 캐치하는 것이 어려워집니다. 조명, 전구, 달빛 등 빛을 내는 주체가 하나가 아니라 여럿인 경우가 많으며, 각각의 빛이 주는 영향을 전부 고려해야 하기에 그만큼 까다로워집니다. 하지만 광원의 특징과 성질을 제대로 이해한다면 표현이 그렇게 어렵지만은 않습니다.

인공의 빛

밤을 그리는 데 있어서, 달빛 이외의 빛은 대부분 점광원이라는 것을 알아두도록 합시다. 점광원의 주요 특징은 (광원마다 크기의 차이는 있으나) 기본적으로 광원을 중심으로 구형으로 빛이 퍼진다는 것과, 광원으로서의 힘이 상대적으로 약하여(빛의 감퇴가 강하여) 거리가 멀어지면 금세 빛이 영향을 끼치지 못하게 된다는 점입니다. 봉 모양인 형광등도 점광원이 옆으로 죽 늘어난 것과 같은 상태이기 때문에 점광원의 한 종류로 생각해도 무방합니다. 그림 7-4는 비상구 지시등의 녹색 빛이 메인 조명으로 계단 중간까지 녹색 빛이 영향을 주고 있습니다. 하지만 중간부터는 그 영향력이 약해져서 계단 위쪽 끝부분은 거의 영향을 받지 않고 있습니다. 또한 비상벨 위에 붙어 있는 빨간 램프도 사람의 피부, 램프 주변, 비상벨 윗부분, 바로 아래에 놓은 스프레이 캔 윗부분을 비추고 있지만, 거리가 조금만 멀어져도 빛의 힘이 순식간에 약해져 먼 부분에서는 그 영향을 찾아볼 수 없습니다.

그림 7 4 인공 빛의 작례

달빛

밤에 존재하는 빛 중에서 또 하나 잊어버리면 안 되는 것이 바로 달빛입니다. 달빛은 달에 태양광이 반사되어 지표에 도달하는 형태의 빛입니다. 이 때문에 태양광과 비슷한 성질을 가지고 있지만, 이 빛은 태양광에 비해 매우 약한 빛입니다. 달이 만드는 그림자는 태양과 마찬가지로 일정한 방향에서 들어오는 빛이 직선적인 그림자를 만듭니다. 점광원과 달리 거리에 따라 약해지지도 않습니다. 다만, 달빛은 조명이나 형광등의 빛보다 훨씬 약하기 때문에 네온사인과 각종 조명이 반짝이는 밤거리에서는 그 빛이 대부분 사라져 거의 영향을 주지 못하게 됩니다.

그림 7-5에서는 달이 화단과 건물에 명암을 만들고 있지만, 달빛보다 강한 가로등의 빛이 비춰진 건물의 일부와 나무 울타리, 사람과 개 등에서는 가로등 불빛의 영향이 우선시되어 있습니다. 또한 가로등의 빛은 점광원이기 때문에 광원을 중심으로 구형으로 빛이 퍼지다 금세 사라지는 모습을 보여주고 있습니다. 이와 같이 광원을 하나하나 차근차근 생각한다면 밤의 조명 배치도 결코 어렵기만 한 것은 아닙니다.

그림 7-5 달빛의 작례

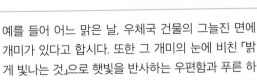

개미의 눈

지금까지 빛에 대한 이야기를 해봤습니다만, 이론을 알더라도 그것을 상상하며 그림에 반영하는 것은 그렇게 쉬운 일이 아닙니다. 그런 당신을 위해 빛을 상상하여 파악하는 데 도움이 되는 방법을 한 가지 소개해 두겠습니다. 아티스트 제임스 거니는 저서 『컬러 앤 라이트Color and Light』에서 개미의 눈이라는 방법을 다음과 같이 소개하고 있습니다. "어떤 광원이 존재하는지를 이해하고 싶을 때에는 개미 등에 붙은 자그마한 눈동자가 되었다고 생각하며 상상력을 펼쳐보면 잘 알수가 있습니다." 이것은 즉, 어떤 빛의 영향을 어떻게 받는지 알고자 하는 화면 안의 장소에 개미를 두고 거기에서 보이는 「광원이 될 수 있는 밝은 것」은 무엇인지 상상해보면, 그 장소가 무엇으로부터 어떠한 영향을 받는지 보다 쉽게 상상할 수 있다는 것입니다.

예를 들어 어느 맑은 날, 우체국 건물의 그늘진 면에 개미가 있다고 합시다. 또한 그 개미의 눈에 비친 「밝게 빛나는 것」으로 햇빛을 반사하는 우편함과 푸른 하늘이 있다고 칩시다. 태양은 건물에 가려져 보이지 않으므로, 건물의 그림자 부분에는 맑은 하늘의 파란 빛과 우체통의 빨간 빛이 영향을 미쳐 전체적인 그림자는 파란색에 가까워지고, 우체통과 가까운 곳만 약간 빨갛게 보일 것입니다.

이처럼 빛의 영향을 파악하기 어려운 곳에 개미를 두고, 그 개미의 시점에서 눈에 들어오는 주변 세계를 상상해보는 방법이 바로 「개미의 눈」입니다. 이 방법을 통해 복잡한 빛의 영향도 몇 개의 요소로 단순화시켜 쉽게 파악할 수 있습니다. 당신이 빛을 이해하기 위한 실마리가 될 것입니다

고유색

고유색은 Chapter6 「색」에서 설명한 「물체색」과 매우 비슷한 개념이라 중복되는 부분도 있지만, 회화·일러스트레이션의 관점에서 설명할 때는 주관적인 요소가 보다 많이 포함된 고유색이라는 개념이 자주 사용됩니다. 고유색이란 사물 그 자체가 원래 가지고 있는 색입니다. 예를 들어 우체통이라면 빨강, 레몬이라면 노랑, 피망이라면 초록이 그런 색에 해당합니다. 당연한 말처럼 들리겠지만, 사실 인간은 색상을 볼 때 상대적으로만 파악할 수 있습니다. 이들의 고유색을 원래 색 그대로 보기 위해서는 회색 조명을 비추어 봐야만 합니다. 이 때문에 실제로 풍경을 그릴 때는 그 자체가 원래 가지고 있는 고유색은 물론 빛의 영향, 기후의 영향, 서페이스[1]에 대해서도 함께 고려한 다음 색을 배치할 필요가 있습니다. 또한 그림의 인상을 바꾸기 위해서 화면 전체의 색상톤을 일부러 바꾸어 채색하는 경우도 있습니다. 그런 경우에도 고유색을 바탕으로 한 후에 각각의 색의 정합성을 유지하면서(색에 논리적인 모순이 없도록)

*1 서페이스···물체의 표면, 표면의 재질

채색을 할 필요가 있는 것입니다.

설명이 조금 복잡했을지는 모르겠는데, 간단하게 말하자면 풍경을 그릴 때 고유색만을 사용하여 각각의 사물을 그리는 일은 그리 많지 않다는 것입니다. 우체통을 그릴 때에 단순히 빨간색(명도만을 변경한 빨강)만으로 그려버리면 그림이 볼품없어 보이는 일이 많을 것입니다.

그림 7-6에서는 오른쪽 건물의 위쪽을 회색으로 인식하고 있지만, 실제로는 빛의 영향을 받아 빛이 비추는 밝은 면은 핑크, 그림자가 이는 어두운 면은 감색으로 그려져 있습니다. 인간은 색을 볼 때 무조건 상대적으로만 파악할 수 있다는 말은 바로 이런 것입니다. 물체를 본래의 색 그대로 그리게 되는 경우가 있다면 그것은 흐린 날이거나 스튜디오 조명을 비출 때 정도일 것입니다. 고유색에 너무 연연하지 말고 빛의 영향도 함께 고려해서 색의 배치를 생각하는 것이 중요합니다.

그림 7-6 빛을 반영한 고유색의 변화

TIPS

고유색을 이야기를 하는데 있어서 빼놓을 수 없는 부분인 밝은 면과 어두운 면의 채도 이야기를 해볼까 합니다. 이것은 조명 배치가 어떠한 상황이더라도 해당되므로 꼭 기억해 두시길 바랍니다. 사물을 그릴 때에는 가장 밝은 곳을 하이라이트, 중간 정도의 밝기를 미들 라이트, 가장 어두운 곳을 섀도, 이렇게 셋으로 나눌 수 있습니다. 미들 라이트 부분은 색을 알기 쉬운 상태가 되어 하이라이트와 섀도에 비해 채도가 높아집니다. 반대로 하이라이트와 섀도 부분은 미들라이트 부분에 비해 채도가 조금 낮아집니다. 빛의 영향이나 서페이스의 영향에 대해 잘 모른다고 해도, 일단 이것을 염두에 두고 표현하면 그림에 안정감을 줄 수 있습니다.

음영

빛이 있으면 "그림자"가 생기는 것은 필연적인 일입니다. 빛을 그린다는 것은 동시에 그림자를 그리는 것이라 말해도 과언이 아닐 것입니다. 물체는 빛을 비추지 않으면 색이 없는 검은 무언가가 되고, 그림에 그것을 그린다면 캔버스를 검게 칠하고 끝이 날 것입니다. 빛과 물체의 관계에서 그림자가 태어나므로 각각 어떻게 관계되고 있는지를 생각하면서 그리는 것이 중요합니다.

앞서 「낮의 빛」 「밤의 빛」에서는 빛을 인식하는 방법을 배웠습니다. 이번에는 그림자(그늘)가 생기는 과정과 그 형태에 대한 기초적인 지식을 배워봅시다.

그림에 있어서 음영은 모두 빛을 비춤으로써 생긴 것으로, 빛이 가려지면 생겨나는 것이라는 점에서는 본질적으로 같습니다. 그러나 그 성질에서는 차이가 납니다. 그림자와 그늘은 어떤 점이 다르고 어떻게 인식하면 좋을지를 알면 보다 정확하게 사물을 그릴 수 있게 됩니다.

그림 7-7 그늘과 그림자

그늘(음, Shade)

그늘은 광원에서 나온 빛이 물체를 비출 때, 물체에서 빛을 강하게 받고 있지 않은 부분을 가리킵니다. 보이는 모습은 광원의 강도나 광원의 확산도, 그리고 어느 쪽에서 보는지 등에 의해 바뀝니다.

그늘이 생기는 과정과 반사광

그늘이 생기는 과정을 따져보기에 앞서서 우선 물체와 광원의 위치 관계를 생각해 봅시다.

물체는 광원의 방향과 수직으로 만나는 곳일수록 밝게 보이고, 광원의 방향과 수평이 되면 될수록 어두워진다는 성질을 가지고 있습니다. 그늘은 물체에 빛이 비춰지고 있는 곳의 반대쪽에 생긴다는 이미지가 있지만, 실제로는 광원의 반대쪽이 아니어도 그늘이 생기는 경우가 있습니다.

예를 들어 만약 그리고 싶은 것이 우주 공간이라고 한다면, 물체의 빛이 닿지 않는 곳은 달의 그늘과 같이 완전히 까맣게 되지만, 일상생활에서는 그늘이 완전히 까맣게 되는 일은 없습니다. 광원의 빛이 물체 이외의 지면이나 벽에 닿게 되고, 거기서 반사된 빛이 물체에 도달함으로써 직접 빛이 닿지 않는 그늘 부분도 약간 밝아지기 때문입니다. 이를 「반사광」이라고 부릅니다.

또한 둥근 원형의 물체의 경우 물체의 끝부분으로 갈수록 빛이 모인 면이 밀집되기 때문에, 그 효과도 겹쳐져서 반사광이 더 밝아집니다.

그림 7-8은 원기둥 좌측에서 빛이 들어오고 있습니다. 때문에 빛과 면이 수직에 가까운 위쪽 면이 가장 밝습니다. 다음으로는 좌측면이 빛과 수직에 가깝게 만나기 때문에 이 부분 역시 밝습니다. 빛이 비치는 곳 반대측으로 갈수록 점점 어두워져 그늘이 됩니다. 빛이 차단된 우측은 바닥면의 반사광과 면의 밀집에 의해 다시 조금씩 밝아집니다.

그림자 면의 색은 반사광과 환경광의 영향을 받습니다. 앞서 「낮의 빛」과 「고유색」에서 잠깐 언급한 것처럼 광원의 색감과 다른 색감이 되거나 채도가 낮아지거나 하는 경우도 있으므로 주변 환경에 주의하여 색을 배치합시다.

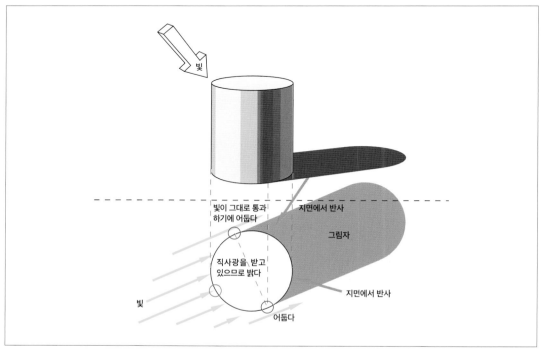

그림 7-8 빛과 그림자의 관계

그림자(영, Shadow)

그림자란 별도의 물체에 가로막혀 빛이 닿지 않는 부분을 말합니다. 바닥이나 지면에 드리워진 그림자가 알기 쉬운 예입니다. 이것도 광원의 강도나 확산도, 위치 관계에 따라 형태가 변합니다.

그림자의 형태를 잡을 때에는 광원의 방향과 평행한 선을 그어, 물체의 윤곽선과 접한 선을 그림자가 생기는 면에 연결합니다. 이때 주의해야 하는 것은 그림자가 만들어지는 방향도 원근법의 적용을 받으니, 정확하게 라인을 그리고 싶을 때에는 화면 내에 새로운 원근보조선이 필요하다는 점입니다.

또한 지면과 광원이 평행에 가까워질수록 그림자는 길게 늘어납니다. 해질녘의 그림자가 길어지는 것을 상상하면 쉬울 것입니다. 그리고 그림자를 만드는 물체와 그림자 사이의 거리가 멀어질수록 그림자는 윤곽선이 점점 흐릿해지고 선명도가 떨어집니다. 커다란 빌딩의 그림자는 그림자와 그림자 아닌 부분의 경계가 모호한데, 바로 이 원리 때문입니다.

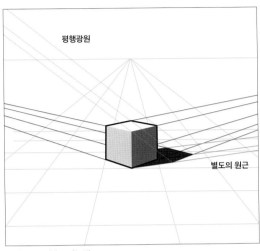

그림 7-9 그림자 그리는 법

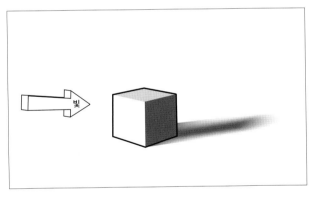

그림 7-10 빛과 그림자의 위치 관계

광원에 따른 음영의 변화

음영의 형태와 성질을 변화시키는 주된 요소는 「광원의 위치」와 「광원의 종류」입니다.

광원의 위치를 대략적으로 분류하자면, 물체의 정면에서 비춰지는 「순광」, 옆에서 비추어지는 「사이드 라이트(측광)」, 물체 너머 뒤쪽에서 비춰지는 「역광」, 이렇게 세 가지가 있습니다. 그림을 구성할 때에는 조

명과 물체의 위치 관계를 생각하여 그리려고 하는 것을 구성하도록 합시다.

또한 광원의 종류는 크게 「점광원」, 「면광원」, 「평행광원」, 「환경광」으로 구분할 수 있습니다. 음영이 생기는 방식이 각기 다르므로 주의합시다.

점광원

점광원은 그 이름 그대로 한 점에서 온 사방으로 뻗어나
가는 방사 형태의 빛을 말합니다. 점광원의 성질을 가지
는 광원은 아주 많습니다. 전구, 손전등, 촛불 등이 그렇
습니다. 광원의 사이즈가 작을수록 점광원의 성질이 나
타나기 쉽습니다. 점광원은 거리가 멀어지면 거리의 제
곱에 반비례하여 밝기가 줄어드는 특징을 가지고 있습
니다.

점광원에 의해 생기는 그림자는 물체의 윤곽을 확실하
게 투사하고, 평행하게 투사하면 물체보다 커집니다. 그
늘은 뚜렷하게 드러나 물체의 콘트라스트(밝기 대비)가
두드러집니다. 카메라 플래시를 터트려 찍은 사진 등이
알기 쉬운 예입니다. 또한 실제로는 태양도 점광원의 성
질을 가지지만 광원의 사이즈가 너무 크기 때문에, 작은
인간의 생활 범주에서는 평행 광원으로 간주합니다.

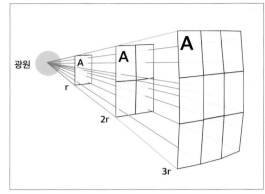

그림 7-11 빛이 줄어드는 것을 계산하는 법

선광원

선광원은 점광원이 옆으로 주욱 늘어서 있는 것을 생각하면 됩니다. 형광등 등이 그 예입니다. 면광원보다는 뚜
렷한 그림자가 생기지만, 점광원만큼은 아닙니다. 그늘은 점광원보다도 옅고 부드러운 그러데이션을 이룹니다.

면광원

면광원이란 한 점에서 나오는 것이 아닌 면적을 가진
광원을 말합니다. 알기 쉬운 예로는 컴퓨터, 스마트
폰의 디스플레이가 있습니다. 면광원은 무수한 수의
점광원들이 모여 있는 것이라고 할 수 있으며, 광원
곳곳에서 빛이 확산되고 있기 때문에 윤곽선이 흐릿

한 그림자가 생깁니다. 완전히 빛이 닿지 않고 그림
자가 생긴 부분을 「본그림자」, 그림자와 빛이 그러데
이션을 이루는 부분을 「반그림자」라고 부릅니다.
그늘은 빛이 확산되고 있기 때문에 흐릿해져서 빛을
받은 물체가 상세하게 잘 보입니다.

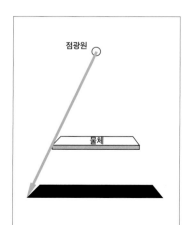
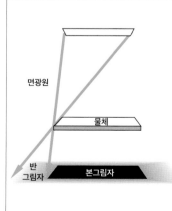

그림 7-12 점광원일 때와 면광원일 때의 그림자 차이

평행광원

평행광원은 광원에서 나온 빛이 온 사방으로(방사형으로) 뻗어나가는 것이 아니라 일정한 방향으로 평행하게 나아가는 광원을 말합니다. 점광원에서는 투영된 그림자가 실물보다 크게 보인다고 설명했으나, 평행광원에서는 수직으로 투사되어 만들어지는 그림자가 실물과 같은 사이즈가 됩니다. 그늘은 점광원과 마찬가지로 콘트라스트가 강하게 두드러지며 물체가 입체적으로 보입니다.

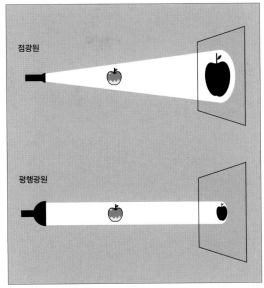

그림 7-13 평행 광원일 때의 그림자

TIPS

「면광원」 항목에서 빛의 확산으로 인해 본그림자와 반그림자가 만들어지는 것에 대해 설명했습니다만, 엄밀하게 따지면 모든 광원에서 빛의 확산이 일어납니다. 완벽한 점광원, 선광원, 평행광원은 일반적인 상황에서는 만날 수가 없습니다. 어떠한 광원이든 약간은 면광원의 성질을 갖고 있기 때문에 정도의 차이는 있더라도 본그림자와 반그림자가 생겨납니다.

환경광

지금까지 소개한 광원은 일차 광원이라고 하여 그 자체가 빛을 발하는 광원입니다. 일차 광원에서 나온 빛은 물체에 부딪히면 반사되는데, 그 반사된 빛이 이차 광원이 됩니다. 나아가 그 빛도 또다시 복잡하게 반사되기에 세계는 빛으로 가득 차 있습니다. 방향성을 인식할 수 없는 이 빛을 「환경광」이라고 부릅니다. 환경광은 반사된 물체의 색감에 영향을 받아 톤을 만들어내며, 전체적인 분위기를 만들어냅니다. 또한 좁은 장소에는 빛이 들어가지 않기 때문에 반드시 어두워진다는 특징을 가지고 있습니다.

빛이 닿지 않고 그림자가 만들어지는 부분을 「어클루전 섀도」라고 부르며, 가장 어두운 부분을 지칭합니다. 이것은 주로 물체와 접지면 사이에 만들어지는 그림자입니다. 이전 항목에서 설명한 반사광도 환경광을 구성하는 요소 중 하나입니다. 반사된 물체의 고유색을 빛으로 반사하여 물체 가까운 곳을 비춥니다. 물체가 흰색이나 노란색 등의 밝은 색인 경우 영향의 범위가 커지는 일도 있습니다.

빛과 그림자에 대해서 하루아침에 모든 것을 이해하고 마음대로 구사하는 것은 어렵습니다. 이 항목에서는 빛과 음영에 관한 기본적인 것들을 설명하고 있으므로, 이를 바탕으로 연습을 계속합시다. 그리고 그 과정에서 질문거리를 찾고 더욱 발전된 응용법을 찾아보도록 합시다.

빛, 음영에 관한 보충 설명

빛과 음영에 관해 복잡한 이야기만 계속 늘어놓아 혼란스러우실지도 모르겠습니다. 그러니 이번에는 지금까지의 이야기들을 UPC 멤버들이 작품에 어떻게 활용하고 있는지 소개하겠습니다.

복수광원과 경계선이 흐릿한 그림자

그림 7-14에서는 어두운 환경광과 형광등, 가로등과 같은 복수의 광원이 존재하고 있습니다.

실생활에서도 광원이 하나만 있는 상황은 거의 없고, 2차 광원까지 생각하면 여러 개 존재하고 있는 경우가 대부분입니다. 여러 개의 광원이 있다는 걸 전제로 화면을 만들어야 리얼한 묘사가 가능해집니다.

한편 전화 부스 기둥의 그림자가 면광원에 의해 지면에 늘어져 있습니다. 면광원의 특징으로 인해 빛이 확산되어 그림자와 주변의 경계선, 곧 그림자의 윤곽선이 사라졌습니다. 그림자와 물체의 거리가 멀어지면 멀어질수록 경계선이 흐릿해집니다.

어렵게 생각할 것 없이, 대부분의 경우 큰 그림자는 멀리 있는 쪽을 흐릿하게 처리한다고 생각하면 됩니다. 광원의 특성을 알고서 하나씩 배치해 나가다 보면 빛과 그림자의 관계에 실패하는 일은 없을 것입니다.

그림 7-14 경계선이 흐릿한 그림자 작례

틴들현상

틴들현상이란 공기 중의 입자에 의해 빛이 지나는 길이 보이는 현상을 말합니다. 점광원이나 평행광원과 같이 뚜렷한 그림자가 생기는 경우에 일어나기 쉬운 현상입니다.

광원의 입사각을 고려하여 빛을 가린 물체의 그림자로 인해 생기는 빛의 통로를 밝게 하는 것으로 표현합니다. 강한 빛을 표현하거나 공기의 존재를 부각시키고, 먼지가 많은 상황을 연출할 수 있습니다.

그림 7-15 틴들현상을 활용한 작례

나뭇잎 사이의 햇살

나뭇잎 사이로 비치는 햇빛은 강한 태양광이 나무에 비춰짐으로써 그림자의 틈에 빛의 창이 만들어지는 상태입니다. 그림 7-16에서는 나무 가까이에 그림자가 드리워져 있어서 그림자 전체의 형태가 뚜렷하지만, 나무와 그림자 사이의 거리가 멀어지면 멀어질수록 나뭇잎 등의 물체로 인해 빛이 확산되기 때문에 경계선이 보다 흐릿한 그림자가 됩니다. 기본적으로 태양광이 만드는 그림자이기 때문에 반사광과 환경광이 강해져 그림자가 옅어지는 경향도 있습니다.

그림 7-16 나뭇잎 사이로 쏟아지는 햇빛을 활용한 작례

어클루전(Occlusion) 섀도

어클루전 섀도는 주로 물체가 접지되어 있는 부분 같은 곳에 발생합니다. 그러므로 화면 안에 가장 어두운 부분을 정할 때에 어클루전 섀도를 염두에 두고 색을 설계하는 것이 좋습니다. 그림 7-17에서는 창문에서 들어오는 빛이 직접 닿지 않는 책상 밑과, 빛이 들어오기 어려운 구석 부분 등이 어클루전 섀도에 의한 가장 어두운 부분입니다.

그림 7-17 어클루전 섀도를 활용한 작례

READING TRAINING

ULTIMATE PIXEL CREW REPORT

CHAPTER. 8

Title: 텍스처(질감)

TEXTURE

Introduction:

그림을 그릴 때 구석 구석까지 질감을 표현할 수 있게 되면 그림을 보다 리얼하게 그릴 수 있게 됩니다. 하지만 물체의 질감을 지나치게 눈에 띄게 그려버리면 그림으로서 성립이 되지 않으므로, 각각의 그림에 맞는 적절한 가감을 찾아갑시다. 이번 Chapter에서는 각 질감별 작례를 통해, 기초적 접근 방식과 각 소재에 맞는 표현법을 찾기 위해서는 무엇이 필요한지 등을 배워봅시다.

나무

목재

목재는 우리 주변에 많이 존재하고 있기 때문에 그릴 기회가 많은 물질입니다. 목재 종류별로 나뭇결이나 색깔의 차이가 있으니, 그리려고 하는 목재를 잘 관찰하며 그리도록 합시다.

표면에 목재 특유의 반복되는 곡선 표현을 추가하면 보다 실제와 비슷해집니다. 화면의 가까운 곳에 있고 세부까지 보이는 해상도인 경우에는 나뭇결을 확실하게 그려넣습니다. 보다 먼 곳에 있고 해상도도 불충분한 경우에는 면에 색만 채워 표현하거나 색의 차이를 최소한으로 합니다. 무리하게 세부까지 그려 넣으면 역으로 목재의 질감과 느낌이 옅어지니 주의합시다.

그림 8-1은 바닥의 널빤지 부분에 나뭇결의 연속된 물결 모양을 그려놓음으로써 목재라는 것을 표현하고 있습니다. 또한 화면 앞쪽은 나뭇결이 확실하게 그려져 있는 것에 반해, 화면에서 먼 안쪽 부분은 생략해둠으로써 복잡한 나뭇결 표현을 살리면서도 깔끔한 인상을 유지하고 있습니다.

그림 8-1 목재 작례

마룻바닥

 마룻바닥을 그릴 때 가장 중요한 것은 "광택" 표현입니다. 나뭇결을 그리는 법 등은 앞에서 서술한 목재와 거의 동일하지만, 가공 처리된 표면 특유의 반질반질하고 매끄러운 윤기에 주의하며 그려서 바닥이라는 느낌을 더욱 강조합시다. 예를 들어 마룻바닥을 잘 관찰해 보면 가구 등이 바닥에 비치는 경우가 있습니다. 그 부분을 표현해주면 마룻바닥 특유의 반짝반짝한 질감을 살릴 수 있고 묘사의 리얼리티도 그만큼 올라갑니다. 그림 8-2를 잘 살펴보면 소파와 낮은 테이블, 벽과 화분 등이 바닥에 반사되고 있다는 것을 알 수 있습니다. 반사된 모습을 그림으로써 바닥의 반짝거리는 질감을 표현한 것입니다.

그림 8-2 마룻바닥 작례

원목(나무껍질)

 원목의 표면은 대부분 딱딱한 나무껍질로 덮여 있는데, 나무껍질은 목재보다도 거친 요철을 가지고 있기 때문에 명암의 차이가 커지고 세부적인 부분이 눈에 띄어 보입니다.

또한 나무 종류에 따라 다양한 색감이 존재하고, 흰 빛을 띠거나 검은색 껍질을 가진 나무도 있으므로 잘 관찰하지 않고 "나무=갈색"이라고 하는 통상적인 이미지 그대로 그리면 설득력이 떨어지는 그림이 되어버립니다. 원목뿐만 아니라 모든 것이 그렇습니다. 그리려고 하는 대상을 잘 관찰하는 습관을 들이도록 합시다.

그림 8-3의 화면 좌측 끝에 있는 가로수는 줄기를 콘트라

그림 8-3 원목 작례

스트 차이가 크게 나도록 그림으로써 표면의 요철을 표현하고 있습니다.

돌

돌

표면의 요철이 뚜렷한(표면이 아주 울퉁불퉁한) 돌에 빛이 닿으면 그 요철에 그림자가 생겨 디테일이 뚜렷하게 보입니다. 또한 그러한 돌은 윤곽이 뚜렷하여 뾰족한 부분도 적잖이 있습니다. 반대로 하천 등에 있는 돌은 끝부분이 깎여나가 둥글둥글 매끄러운 형태를 띄고 있는 경우가 많아 보다 매끄러운 그림자가 생깁니다. 그리고 싶은 돌의 특징에 주의하며 그립시다.

종류에 따라 다르겠지만 돌 표면은 거의 대부분의 경우 만지면 거칠거칠합니다. 만약 돌을 상세하게 묘사할 수 있는 해상도인 경우, 타일 패턴 등을 사용해서 거칠거칠한 질감을 더 잘 표현할 수 있습니다.

그림 8-4의 화면 좌측에 늘어선 돌은 그림자를 뚜렷하게 그려넣어 뾰족한 표면을 표현하고 있습니다. 또한 타일 패턴을 사용해서 거칠거칠한 질감을 만들어내고 있습니다.

그림 8-4 돌 작례

젖은 돌

물에 젖은 돌은 일반적인 돌(건조한 돌)보다도 명도가 낮고 채도는 높기 때문에 색깔이 더 선명해 보입니다. 또한 빛도 잘 반사되기 때문에 하이라이트 부분의 색이 더 밝아지고 반사광도 잘 드러나게 됩니다.

그림 8-5는 보도 전체가 비에 젖어 있기 때문에 색깔을 아주 어둡게 잡고 그렸습니다. 또한 경치와 사람이 반사된 모습을 그려 젖어 있다는 것을 알 수 있도록 표현하고 있습니다.

그림 8-5 젖은 돌 작례

금속

스테인리스(반짝이는 금속)

스테인리스(반짝이는 금속)는 거울처럼 빛을 강하게 반사하기 때문에 주위 환경에 따라 모습이 크게 달라집니다. 이 때문에 스테인리스를 그릴 때에는 표면에 반사되고 있는 사물을 의식하면서 그리면 보다 리얼리티가 있는 질감을 표현할 수 있습니다. 우선 주변에 있는 스테인리스를 잘 관찰하여 질감을 표현하는 방법을 파악하는 것부터 시작하면 좋을 것입니다.

그림 8-6은 손잡이 부분이 스테인리스 소재입니다. 지면과 의자의 질감, 창문으로 비춰지는 빛 등을 의식하여 명확하게 표현하였습니다.

그림 8-6 스테인리스 작례

녹슨 금속

금속은 부식에 의해 녹이 발생하고 그 모습이 변합니다. 특히 야외에 놓인 철은 비 등에 의해 부식(녹)이 현저하게 드러납니다. 부식이 진행되면 표면은 거칠거칠해지고, 최종적으로는 적갈색이나 검정으로 변색되어 너덜너덜하게 망가지게 됩니다. 또한 이 과정에서 빛의 반사가 서서히 사라지는 것도 특징 중 하나입니다.

녹이 스는 형태는 환경에 따라 다양하여, 비에 의해 젖은 부분이나 물이 고이기 쉬운 곳이 더 많이 녹슬게 됩니다.

그림 8-7은 원래 반짝반짝했을 차체의 빛 반사를 없애 열화가 진행된 상태를 표현하고 있습니다. 녹슨 모습도 물이 타고 흐르기 쉬운 차의 모서리 부분이나 움푹 패인 부분 등을 중심으로 넓어져 가는 형태로 그림으로써, 보다 리얼리티가 있는 표현을 만들었습니다.

그림 8-7 녹슨 금속 작례

유리

유리는 무색투명하지만 빛의 굴절과 반사가 일어납니다. 유리를 그릴 때에는 주로 이 반사와 굴절을 그리게 됩니다.

유리는 보는 눈의 위치와 시선의 각도에 따라서 거울과 같이 강한 빛의 반사가 일어나는 성질을 가지고 있기 때문에, 각도가 있는 유리면을 그릴 때에는 강한 반사를 고려해야 합니다. 또한 특별히 각을 이루지 않더라도 눈앞의 경치가 약간 반사되어 비춰지는 경우가 있는데, 밝은 장소에서 유리 너머로 어두운 장소를 보는 경우 이 현상은 더 강해집니다. 이러한 현상을 반영하면 유리를 보다 유리답게 표현할 수 있습니다.

그림 8-8에서 건물 전면의 유리는 눈앞의 경치를 약간만 반사하고, 보다 각도가 있는 측면의 유리는 앞쪽보다도 강하게 경치를 반사하도록 그렸습니다. 이와 같이 유리의 성질을 제대로 표현하면 그림의 설득력이 더 올라갑니다.

그림 8-8 유리 작례

물

물도 유리와 비슷한 성질을 가지고 있습니다. 유리와 크게 다른 부분은 액체라는 점입니다. 표면(수면)에 움직임이 있는 경우에는 하이라이트가 이동하면 동시에 반사되는 경치도 흔들립니다.

또한 물도 빛을 굴절시키므로 보는 각도에 따라 수중에 있는 물체의 위치가 실제와는 다르게 보입니다. 또한 유리와 마찬가지로 어느 정도의 각도가 있으면 빛을 반사시키는 비율이 높아지게 되어 거울처럼 경치를 반사하게 됩니다. 예를 들면 수면을 가까이에서 위에서 내려다 볼 때에는 경치가 잘 반사되지 않고, 수중의 모습이 굴절된 모습이긴 하나 잘 보이지만, 수면에서 멀어지게 되면 각도가 생김으로 경치가 반사되고 수중의 모습이 잘 보이지 않게 됩니다.

그림 8-9 물 작례

그림 8-9는 수면에 안쪽(실내) 경치가 반사되는 모습을 선명하게 그림으로써 물속에서 보고 있는 모습이라는 것을 표현하였습니다.

식물

잎

잎이라는 말 한 마디로 뭉뚱그리긴 했지만 실제로는 많은 종류가 있고, 또 다양한 형태와 특징을 가지고 있기 때문에 낮은 해상도 속에서 실제와 같이 그리기 위해서는 그리려고 하는 식물을 잘 관찰하여 특징을 파악하는 것이 중요합니다.

예를 들어 단풍나무라면 손바닥과 같이 펼쳐진 나뭇잎이 있고, 잎이 뭉쳐져 있는 부분이 옆으로 늘어나 있는 것과 같은 특징을 보입니다. 고사리의 경우는 규칙적으로 늘어선 좁은 잎이 위쪽으로 펼쳐지며, 중력에 의해 부드럽게 늘어져 있습니다. 나뭇잎처럼 어느 정도 뭉쳐져 있는 것은 전체의 음영을 잡고 서서히 인상을 잡아나가는 것이 비결입니다. 처음에는 커다란 덩어리를 그리고 점점 잎과 가지 등 세세한 부분을 그려 나갑시다. 또한 일부 관엽식물과 같이 잎 모양이 특징적인 경우라면 잎 모양을 제대로 그림으로써 특징을 살립니다.

그림 8-10은 여러 가지 식물이 그려져 있지만 미묘한 색의 차이나 잎의 형태 등을 묘사하여 낮은 해상도 안에서도 각각의 식물을 잘 구별하여 그렸습니다.

그림 8-10 식물 작례

수풀

수풀은 지면에 나 있는 작은 식물 등을 말합니다. 해상도가 낮은 도트 그래픽에서는 디테일을 모두 살리기가 쉽지 않기 때문에 색의 변화나 특징적인 부분만을 그림으로써 작은 식물들의 군생을 표현합니다.

지면에 군생하고 있는 식물을 잘 관찰하면 알 수 있는데, 군생하고 있는 식물은 잎이 표면 가득 빽빽하게 나 있기 때문에 표면은 확실하게 빛을 받아 밝아 보이는 반면, 잎과 잎 사이는 그늘이 져 있어 매우 어둡습니다. 군생하고 있는 식물을 그릴 때에는 콘트라스트 차를 두어 대담하게 그리는 것도 필요합니다.

수풀은 잎 한 장 한 장이 작기 때문에 멀어질수록 디테일이 없어지고 단순한 색의 덩어리로 그려집니다. 가까이 있는 수풀은 디테일을 살려 그리고 멀리 있는 수풀은 디테일을 군데군데 그려넣어 전체를 보완하면, 잡초의 복잡한 텍스처를 보여주면서 화면 전체를 깔끔하게 정리할 수 있습니다.

그림 8-11은 군생하고 있는 풀에 빛이 비춰지는 부분만을 그림으로써 효과적으로 수풀을 표현하고 있습니다. 특히 오른쪽 건물의 앞쪽에 있는 풀을 보면 일부에만 그려진 디테일이 전체를 보완하고 있는 것을 알 수 있습니다.

그림 8-12 수풀 작례

불

불은 물질이 아니고 물질의 연소로 인해 일어나는 현상입니다. 불 그 자체가 빛을 방출하고 있기 때문에 다른 빛이나 환경에서 영향을 받아 빛이 변화하지는 않기에, 특징만 잘 잡아두면 불 그 자체를 그리는 것은 어렵지 않습니다. 그러나 불을 그릴 때에는 불 자체가 주변에 미치는 영향을 고려해야 할 필요가 있고, 진짜 불 같은 리얼리티도 거기서 나오기 때문에 이것을 의식하여 그리는 것이 중요합니다.

장작불 등 큰 불은 격하게 흔들리고 그 움직임이 불규칙한 형태를 하고 있지만, 촛불 등 작은 불은 살짝 흔들리는 정도로 비교적 안정된 형태를 유지합니다.

또한 연소되는 물질에 따라 다르지만, 일반적으로 유기물이 탈 때에는 난색의 빛을 점광원으로 방출합니다. 이 때문에 불 가까운 곳은 난색 빛의 영향을 받고, 불에서 멀리 떨어진 곳은 밝기가 순식간에 약해져 빛이 닿지 않게 됩니다.

그림 8-12는, 빛 그 자체는 그렇게까지 세세하게 그리고 있지 않지만 빛에 비춰진 주변의 영향을 그림으로써 그것이 불이라는 것을 표현하고 있습니다.

그림 8-12 불 작례

수지(플라스틱)

수지(플라스틱) 제품은 우리들의 일상생활에도 무수히 존재하고 있으므로 작품 속에서 그려지는 일도 많은 소재입니다. 그 색이나 형태는 다양하지만 대부분은 매끄러운 표면을 하고 있고 빛을 어느 정도 반사하고 있습니다. 하이라이트는 비교적 밝고 확실하게 보이지만, 경치가 확실하게 비춰질 정도로 빛을 반사하지는 않습니다. 주변에 있는 색의 영향을 약간 받는다는 수준의 약한 반사입니다.

보는 사람이 플라스틱이라고 알아볼 수 있도록 그리는 것이 매우 어려운 소재이기 때문에, 그것이 플라스틱인지 어떤지에 대한 판단은 사람의 지식과 기억에 크게 의존하게 됩니다. 이 때문에 그리는 것의 형태나 특징을 충실하게 재현하는 것이 매우 중요합니다. 예를 들면 방에 걸려 있는 에어컨의 경우 대부분은 하얗고 가로로 긴 직사각형 형태를 하고 있기 때문에, 여기에서 벗어난 특징이나 형태로 그리게 되면 이것이 플라스틱이라는 것을 인식하는 것은 어려워질 것입니다.

그림 8-13은 의자의 빛과 그림자가 생기는 모양에 특별한 세부묘사는 하지 않았으나, 플라스틱제 의자의 특징적인 형태를 그림으로써 이것이 플라스틱이라는 것을 표현하고 있습니다.

그림 8-13 플라스틱 작례

천

얇은 천

옷감이나 종류에 따라 다르겠으나 어느 정도 얇은 천은 빛을 투과시킵니다. 낮 동안 보이는 커튼 등을 상상해 보면 알기 쉬울 것입니다. 천 너머에 광원이 위치할 경우 천은 빛을 통과시킴으로써 천 자체가 약간 밝아지고, 또 빛을 확산시키기 때문에 주변도 조금 밝아집니다. 천에 색상(유채색)이 있는 경우에는 빛의 영향으로 색이 더 선명해 보입니다. 또한 빛이 투과한 천의 그림자도 커튼 색감의 영향을 받아 색을 띠게 됩니다.

그림 8-14은 커튼에 빛을 조금 투과시켜 채도를 높게 그림으로써 반대쪽에서 광원이 비추고 있는 얇은 커튼을 표현하고 있습니다.

그림 8-14 얇은 천 작례

옷

옷 주름의 그림자를 관찰해보면 뚜렷한 그림자와 부드러운 그림자가 섞여 있는 것을 알 수 있습니다. 뚜렷한 그림자와 부드러운 그림자를 어떤 밸런스로 묘사하느냐에 따라 옷의 소재를 다르게 표현할 수 있습니다. 도트 그래픽의 해상도가 천을 상세하게 표현 가능한 수준일 경우, 타일 패턴으로 부드러운 그림자를 표현하면 옷의 부드러움을 효과적으로 묘사할 수 있습니다. 타일 패턴은 돌 등과 같이 거칠거칠한 질감뿐만 아니라 천 등에 생긴 부드러운 음영도 표현할 수 있으니 효과적으로 사용해보도록 합시다.

그림 8-15는 뚜렷한 그림자와 부드러운 그림자의 밸런스와 주름의 형태 등으로 후드의 구조와 옷감의 두꺼움을 표현하고 있습니다. 또한 타일 패턴을 사용하여 옷의 부드러움을 표현하고 있습니다.

그림 8-15 옷 작례

ULTIMATE PIXEL CREW REPORT

CHAPTER. 9

Title:

애니메이션

ANIMATION

Introduction:

도트 그래픽은 해상도와 컬러 수에 제한을 가지고 있다는 특성으로 인해 애니메이션을 만들기 쉽고, 일반적인 그림에 비해 애니메이션과의 친화성이 높습니다. 또한 낮은 해상도와 적은 컬러 수로 다 표현하지 못한 부분을 애니메이션을 사용함으로써 보완하거나 표현을 풍부하게 할 수 있습니다. 애니메이션에는 끈기와 수고가 더 많이 필요하지만, 그만큼 표현의 폭을 확 넓히는 계기를 제공해줍니다. 여기에서는 애니메이션의 기본과 기법을 배워보겠습니다.

기초지식

애니메이션의 원리는 여러 장의 그림(정지 화면)을 빠르게 보면 정지 화면이 움직이는 것처럼 보인다는 뇌의 착각을 이용한 기법입니다. 플립북을 떠올려보면 알기 쉬울 것입니다. 작업 자체는 단순하지만 비슷한 그림을 여러 장 준비할 필요가 있기 때문에 끈기가 필요한 작업입니다. 만약 1초 동안 10컷의 그림이 지나가는 애니메이션을 10초 만들고 싶은 경우에는, 단순히 생각해도 100장(10장×10초)의 그림을 그리지 않으면 안 된다는 계산이 나옵니다.

요즘에는 다수의 애니메이션을 아주 손쉽게 만나볼 수 있기 때문에 실제로 애니메이션에 접할 기회가 많아졌지만, 작업이 힘든 만큼 모든 그림을 손으로 만든 애니메이션의 수는 적고 CG를 사용하거나 소프트웨어를 보조적으로 활용하는 등의 방법으로 제작 효율을 높이고 있습니다. 그러나 도트 그래픽은 해상도와 컬러 수가 제한되어 있기 때문에 손으로 그리더라도 비교적 만들기 쉬워서, 요즘도 대부분을 손으로 그려서 만드는 경우가 많습니다. 손으로 그린 애니메이션은 관련 지식이 있으면 훨씬 그리기 쉽기 때문에 우선은 기본적인 지식을 머리에 넣어둡시다.

프레임 레이트(fps)

애니메이션을 만들 때에는 우선 「프레임 레이트」를 정할 필요가 있습니다. 프레임 레이트란 단위시간(일반적으로는 1초)당 몇 장의 그림(정지 화면)을 보여줄 것인지를 나타내는 수치를 말하는 것으로, fps(frames per second=f/s)라는 단위로 표시합니다.

fps가 10(10fps)라면 1초 동안 10장의 그림을 보여준다는 뜻입니다. fps가 30(30fps)라면 1초 동안 30장의 그림을 표시한다는 뜻이며, 10fps보다도 움직임이 부드러운 애니메이션이 됩니다. 일부 소프트웨어에서는 fps가 아닌「콘스턴트 프레임 레이트」라고 하는 수치값을 사용하는 경우도 있는데, 이것은 한 장의 그림을 표시하는 시간을 나타냅니다. 단위는 밀리세컨드(ms)입니다. 콘스턴트 프레임 레이트가 100이라면 한 장을 100밀리 초(10분의 1초)표시한다는 말이며 이것은 10fps과 동일한 것입니다.

fps를 높이면 더 부드럽게 움직이지만 그만큼 작업이 힘들어집니다. 움직임을 적당하게 눈속임하는 것도 불가능해지므로 반드시 높다고 해서 좋은 것은 아닙니다. 실제로 일본에서 방영되고 있는 TV 애니메이션도 4~12fps 정도로 설정되어 있는 것이 대부분이며, 장면에 따라 fps를 다양하게 구분하여 사용하기도 합니다. 도트 그래픽은 해상도가 낮기 때문에 움직임을 미세하게 표현하기 어렵고, fps를 너무 높게 하여도 의미가 없는 경우가 많습니다. 실제로는 5~10fps 정도면 충분한 경우가 대부분입니다.

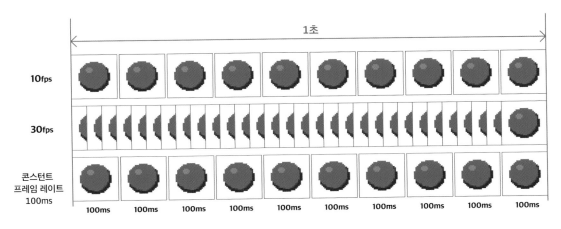

그림 9-1 프레임 레이트의 이해

중간나누기(중간동화)

중간나누기는 애니메이션을 만들 때에 자주 사용되는 방법입니다. 애니메이션 전체의 주요 부분을 먼저 그리고, 그 사이를 메꾸어 가는 것으로 애니메이션을 완성시키는 방법을 말합니다. 전체적으로 작화에 실수가 발생하는 일이 적고 만들기 쉬운 방법입니다.

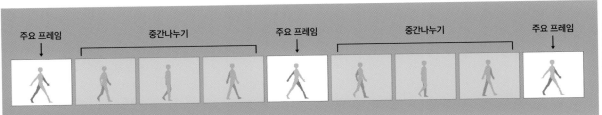

그림 9-2 중간나누기

완급·잔상

애니메이션을 그릴 때는 완급에 대한 고려가 매우 중요합니다. 현실 세계에서 사물이 움직일 때 일정 속도로 계속 움직이는 경우는 거의 없습니다. 일정하게 움직이는 것은 컨베이어 벨트나 마찰이 적은 아이스하키의 퍽 정도입니다. 애니메이션을 만들 때는 물체의 무게나 힘의 크기를 상상하면서 과장해서 표현하는 것이 중요합니다. 예를 들면 빠른 움직임을 표현할 때에 잔상을 사용하거나, 폭발 직전에 일시 정지시키는 것 등이 그렇습니다. 애니메이션을 사용하는 모든 움직임을 여기서 설명하는 것은 어렵기 때문에, 주요 움직임을 중심으로 설명해보겠습니다.

이즈(ease)

움직이기 시작할 때는 천천히, 한 가운데에서는 빠르게, 멈출 때에는 서서히 느려지는 움직임을 말합니다. 강도의 차이는 있지만 대부분의 사물이 이렇게 움직입니다. 애니메이션이 단조롭고 저렴해 보일 때에는 움직임에 이즈를 넣으면 개선되는 일이 많으니 적극적으로 사용합시다.

그림 9-3 이즈

이즈 인/이즈 아웃

움직이기 시작할 때만 서서히 가속되고, 움직임이 끝날 때만 서서히 감속하는 움직임을 말합니다.
잔상을 더하여 극단적으로 만든다면 칼을 휘두르는 동작이나 점프를 하는 동작에도 사용할 수 있습니다. 사물이 움직일 때와 멈출 때에 사용함으로써 사물의 무게를 표현할 수 있습니다. 가속과 감속에 필요한 시간이 길어지면 더 무겁게 느껴지게 됩니다.

그림 9-4 이즈 인

그림 9-5 이즈 아웃

모으기

움직이기 시작할 때 힘을 모으는 것과 같은 표현을 넣습니다. 코믹한 표현이 되어 이즈 아웃과 함께 사용하면 보다 효과적입니다. 폭발 전에 시간을 일시 정지하거나, 점프 전에 아래로 숙이거나 하는 등의 표현도 모으기의 일종입니다. 움직이기 전에 정반대의 움직임을 더함으로써 대비가 생겨나고 동작이 보다 강조됩니다.

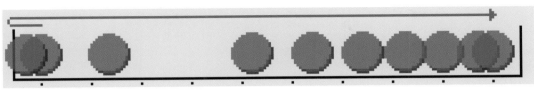

그림 9-6 모으기

관성

멈출 때에 원래의 힘을 유지하며 계속 움직이려는 것을 말합니다. 코믹한 표현이 됩니다.

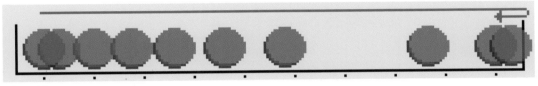

그림 9-7 관성

잔상

앞의 움직임과 뒤의 움직임의 도중을 연결하는 듯한 표현을 더합니다. 픽셀아트는 해상도가 낮고 프레임 레이트도 낮은 경우가 많기 때문에, 움직임을 상세하게 전달하는 것이 어려운 경우가 많으므로 그 사이를 보완하여 표현하기 위해서 잔상을 사용하는 일이 많습니다.

특히 재빠른 움직임에 이 잔상 효과를 사용하면 보다 스피드감 있게 표현할 수 있습니다. 예를 들면 칼을 휘두르는 움직임이나 재빠르게 점프하거나 하는 움직임을 그릴 때에 잔상을 사용하면 순간적인 이동을 표현할 수 있습니다.

그림 9-8 잔상

풍경과 애니메이션

언뜻 보면 풍경화에는 큰 움직임이 없어서 애니메이션으로 만들기 어렵다고 생각할지도 모르지만, 풍경과 애니메이션은 실제로는 매우 궁합이 좋은 파트너입니다. 애니메이션을 더함으로써 그림 안에 시간축이 생기고, 보다 많은 정보를 넣을 수 있기 때문에 감상자의 상상을 돋워 주는 그림이 될 수 있습니다.

때로는 크고 격렬한 움직임의 애니메이션을 사용하여 극적인 장면을 표현하는 일도 있으나, 기본적으로는 차분한 분위기나 시간의 흐름을 표현하는 요소로

서 조용한 애니메이션을 사용하는 경우가 대부분입니다.

예를 들면 머리카락이나 옷을 나부끼게 해서 바람을 표현하거나, 촛불의 불빛을 흔들리게 하거나 공간에 떠도는 먼지를 표현하는 등의 방법으로 조용한 시간의 흐름을 그림 안에 만들어 냅니다.

여기에서는 저희들의 작품 안에서 사용된 애니메이션 중 일부를 소개하겠습니다. 이를 참고로 여러분의 그림에 응용해 봐도 좋을 것입니다.

자연의 움직임

풍경화를 그릴 때 바람과 물, 먼지 등 자연의 움직임을 사용하는 것은 아주 효과적인 표현 방법입니다. 예를 들면 서두에서 언급했듯이 머리카락의 휘날림을 사용함으로써 캐릭터 주변을 주변에 불고 있는 바람을 표현할 수 있습니다. 부드럽게 움직이게 하면 조용한 신을 표현할 수 있고, 격렬하게 움직이게 하면 극적인 장면을 표

현할 수 있습니다. 나무와 풀, 깃발, 옷, 연기 등은 휘날리게 하기에 아주 좋은 모티브이지만, 실제로 풍경을 관찰해 보면 의외로 움직이고 있는 것이 적은 경우도 많습니다. 이런 경우에는 일부러 애니메이션을 더하기 위해 움직이는 모티브를 넣는 것도 좋을 것입니다.

그림 9-9 머리카락의 휘날림

캐릭터 자체의 움직임을 더하면 생생한 캐릭터를 표현할 수 있습니다. 팔과 다리의 움직임 이외에도 눈의 깜빡임과 호흡을 할 때에 어깨의 움직임 등 세세한 움직임을 더함으로써 캐릭터의 생명감을 자아낼 수 있으므로 적극적으로 활용해 봅시다.

그림 9-10 캐릭터의 움직임

자연의 움직임 중에서도 물은 활용하기 좋은 애니메이션입니다. 무한 반복, 루프를 만들기 쉽기에 몇 프레임만 반복해도 이 흐름을 표현할 수 있습니다. 물의 파문이나 흐름의 표현 이외에도 수중의 거품이나 물에 비친 주변 광경이 흔들리는 모습 등, 물을 활용한 애니메이션은 여러 가지가 있으니 그림 속에 물을 사용할 경우에는 검토해 보면 좋을 것입니다.

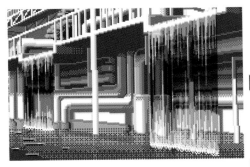

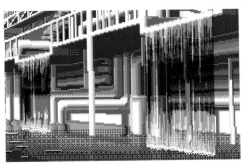
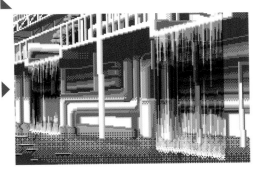

그림 9-11 물의 움직임

인공의 움직임

풍경 속에서 움직이는 것으로는 자연의 움직임 말고 「인공」적인 것도 있습니다. 예를 들면 환기팬 날개는 루프로 그리기 쉽고 그림에서 사용하기 쉬운 모티브입니다. 그 외에도 시계의 진자, 신호등 등 반복하여 움직이는 모티브는 풍경화에 사용하기 쉬우므로, 좀 더 자세히 관찰하여 활용해 보면 좋을 것입니다.

그림 9-12 회전하는 환기팬 날개

풍경을 그릴 때 움직이는 인공물로서 자동차가 자주 사용됩니다. 자동차의 움직임은 반드시 반복되는 것만은 아니기 때문에 풍경에 사용할 때에 부자연스러운 느낌이 들지 않도록 주의할 필요는 있지만, 접하기 쉬운 모티브이기 때문에 잘 사용하면 보다 현실감 있는 그림을 만들 수 있습니다. 자동차 자체의 움직임 이외에도 차의 헤드라이트, 경광등 등의 움직임도 애니메이션을 잘 사용하면 보다 현실감이 있는 그림이 됩니다.

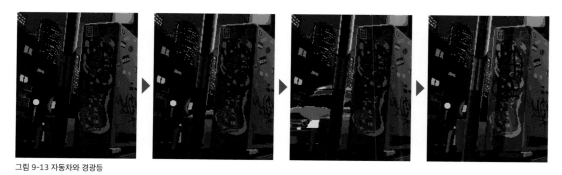

그림 9-13 자동차와 경광등

현광등 특유의 깜빡거리는 모습은 한 프레임마다 밝기를 바꾸는 것만으로 리얼한 인상을 줄 수 있기 때문에 편리합니다. 그러나 지나치게 사용하면 거기에만 주의가 몰려 그림 전체에 그리 눈이 가지 않게 되기 때문에, 사용할 때는 충분히 조심하도록 합시다.

그림 9-14 형광등의 깜빡거림

　　　　　　　POINT　　　　　　　

풍경에 애니메이션을 사용할 때에는 루프 애니메이션을 활용할 때가 많습니다. 루프 애니메이션은 주로 시네마 그래프에서 사용하는 사용되는 방법으로, 그림 일부에 계속 반복되는 움직임을 추가함으로써, 그림 안에 시간을 만들어내어 분위기를 연출할 수 있습니다. 루프 애니메이션을 만들 때에는 루프 반복이 지나치게 느껴지지 않도록 만드는 것에도 주의를 기울입시다. 원래대로라면 그렇게 반복될 일이 없을 무언가가 순식간에 여러 번 되풀이되면 부자연스럽게 느껴질 수밖에 없습니다. 「바람」, 「깜빡임」, 「연기」, 「증기」, 「전기」, 「먼지」 등 반복되는 움직임이 어색하지 않은 모티브를 선택하면 보다 자연스럽게 묘사할 수 있습니다.

풍경 애니메이션의 워크 플로

풍경화에 애니메이션을 더하는 워크 플로를 간단하게 소개하겠습니다. 여기서 소개하는 것은 「Adobe Photoshop」(이후 Photoshop)에서의 애니메이션 작업에 대한 예시지만 기본적인 방법은 다른 소프트웨어에도 응용할 수 있으므로 꼭 기억해 둡시다.

애니메이션의 모티브 선택

우선은 어디를 애니메이션으로 만들지를 정합니다. 화면 내에 반복시키는 것이 그려져 있지 않은 경우에는 경우 새롭게 애니메이션으로 만들 모티브를 추가해도 좋지만, 먼지나 렌즈 플레어, 새 등 비교적 간단

한 것을 사용하여 루프 애니메이션을 만드는 것도 가능합니다. 이 작품은 루프 애니메이션을 전제로 그린 것으로, 환기팬을 루프시킬 모티브로 정하고 미리 표현해놓았습니다.

그림 9-15 애니메이션의 모티브를 생각한다.

애니메이션 준비

「Photoshop」의 경우에는 애니메이션을 만들 때 [타임라인] 기능을 사용합니다. 이 기능은 [창]→[타임라인]에서 [타임라인] 창을 열면 사용할 수 있습니다. 「CLIP STUDIO PAINT」에서 애니메이션을 만들 때도 마찬가지로 타임라인 기능을 사용합니다. [창]→[타임라인]에서 동일하게 불러낼 수 있습니다.

이번에 사용하는 소프트웨어가 「Photoshop」이므로 세세한 조작 순서는 다른 소프트웨어를 사용할 때도 적용되는 것이 아닙니다만, 애니메이션을 만들 수 있는 소프트웨어는 대부분 마찬가지로 타임라인 기능을 가지고 있는 경우가 많습니다. 기본적으로는 어느 것이나 레이어 구조에 시간축을 부여한 것이므로, 사용 방법은 충분히 응용할 수 있기 때문에 기억해 두면 편리할 것입니다.

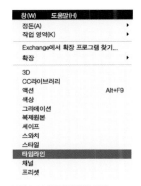

그림 9-16 [타임라인] 창 선택

[타임라인] 창 중앙에 있는 [비디오 타임라인 만들기] 버튼을 눌러 타임라인을 작성합니다.

그림 9-17 비디오 타임라인을 작성

[비디오 타임라인] 윈도우 오른쪽 위에 있는 메뉴 버튼에서 [타임라인 프레임 속도 설정]을 선택합니다.

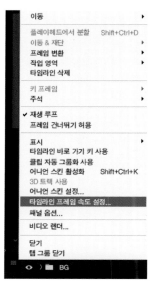

그림 9-18 타임라인 프레임 속도 설정

[타임라인 프레임 속도] 창에서 [프레임 속도]를 설정합니다. 만들고자 하는 애니메이션의 움직임이 어느 정도 매끄러워야 할지를 고려해 5~15fps 정도로 설정합니다. 이번에는 15fps로 설정했습니다.

그림 9-19 프레임 속도 설정

이것으로 타임라인 설정은 끝났습니다. 타임라인의 레이어 구조는 [레이어] 창의 구조와 링크되어 있습니다. 이 때문에 [레이어] 창에서 새롭게 레이어를 추가하면 타임라인에도 구조가 반영되어 새로운 레이어가 추가됩니다.

그림 9-20 타임라인 구조

애니메이션 만들기

이번에는 환기팬의 팬이 회전하는 애니메이션을 만들려고 합니다. 팬 애니메이션용 레이어 폴더를 만들어 그 안에 팬이 그려진 레이어를 넣습니다. 이때 레이어 재생 시간을 [1 프레임]으로 합니다. 타임라인에서 레이어 바의 오른쪽 끝을 드래그하여 좌측으로 최대한 당기면 1 프레임 재생이 됩니다.

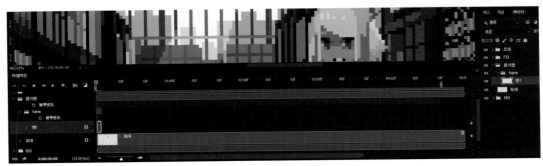

그림 9-21 애니메이션 프레임 작성 1

좀 전의 팬 레이어 위에 새로운 레이어를 작성하여 1 프레임 늦춰 타임라인 상에 배치했습니다. 빨간 싱크 바를 움직여 새롭게 작성할 레이어와 앞 프레임의 레이어를 비교하면서, 새롭게 작성한 레이어에 애니메

이션을 그려넣습니다. 이번에는 회전하는 애니메이션을 만들려는 것이니, 팬을 약 1도트만큼 시계 방향으로 움직여지게 애니메이션을 그립니다.

그림 9-22 애니메이션 프레임 작성 2

같은 작업을 반복하여 팬이 한 바퀴 돌 만큼의 애니메이션을 그립니다. 타임라인 좌측 위에 있는 재생 마크로 애니메이션 미리보기가 가능하므로, 중간중간 애니메이션을 확인하면서 만들도록 합시다.

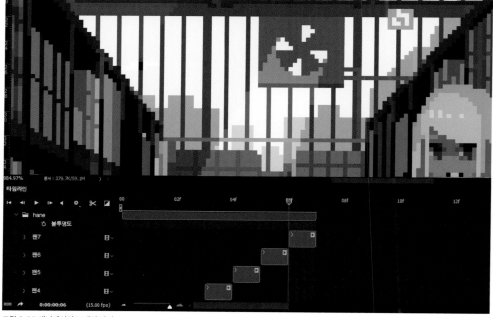

그림 9-23 애니메이션 프레임 작성 3

팬이 1회전하는 애니메이션이 그려졌으면 폴더를 접고, 폴더째 복사본을 작성하여 복사된 폴더가 반복되도록 배열합니다.

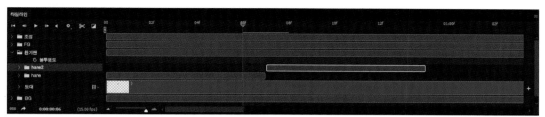

그림 9-24 애니메이션을 루프시키기 1

수차례 복사하여 임의의 수 초 분량의 폴더를 작성하여 연결하면 하나의 애니메이션이 완성됩니다. 동일하게 동작마다 폴더를 묶어가면서 애니메이션을 순차적으로 추가해 갑니다. 각 애니메이션별로 하나의 폴더에 묶어두면 정리하기 쉽고 애니메이션을 추가하기 쉽습니다. 이번에는 환기팬 이외에 「환기팬을 통과하는 빛」, 「사람의 눈 깜빡임과 호흡」, 「공간의 먼지」 애니메이션을 추가했습니다.

그림 9-25 애니메이션을 루프시키기 2

그림 9-26 애니메이션 완성

이것으로 애니메이션을 만드는 일련의 흐름에 대한 해설은 마치겠습니다만, 어떤 애니메이션을 만들건 새로운 레이어를 만들어 이전의 레이어와 움직임을 엇갈리게 하여 그린다는 작업 방법은 마찬가지입니다. 또한 다른 소프트웨어에서도 애니메이션 제작방식은 기본적으로 마찬가지이므로, 이것만 기억해 둔다면 어떠한 애니메이션이든 그릴 수 있는 편리한 지식입니다. 반드시 기억해 둡시다.

응용편

ULTIMATE PIXEL CREW

Title: 픽셀아트 배경 그리는 법 도트 초보자부터 전문가까지

ULTIMATE PIXEL CREW REPORT

ULTIMATE PIXEL CREW REPORT

MAKING

Title: 제작과정 APO+

MAKING：APO+

TOOL：PHOTOSHOP

착상·구상

도트 그래픽 배경을 구상하는 법

여러분의 주변에는 다양한 디지털 아트가 넘치고 있습니다. 그중에서도 도트 그래픽이라고 하는 것은 왠지 특수한 존재로 보일지도 모릅니다. 더해서 풍경 도트 그래픽이라고 하는 것은 그리는 사람도 별로 많지 않기 때문에 보다 특이한 카테고리로 느껴질 것입니다.

그러나 제 생각에는 도트 그래픽 또한 소위 일반적인 그림(유화, 데생, 스케치 등)과 동일한 사고방식으로 그릴 수가 있습니다.예를 들면 데생에서는 눈앞에 있는

것을 가능하면 똑같이 보이도록 그립니다. 도트 그래픽에서도 대상과 똑같이 보이도록 그린다는 점은 같습니다. 해상도가 낮은 점만 다를 뿐 실제로 하는 일은 데생이나 유화와 같은 것입니다.

이번에 소개하는 제작 과정에서도 도트 그래픽 특유의 기법은 나오지만, 하고 있는 작업은 일반적인 그림에서 사용하는 그러데이션이나 경계를 흐릿하게 하는 기법의 대체용도입니다. 그러므로 도트 그래픽을 너무 두려워하지 말고 일반적인 그림의 연장선상에 있다고 생각하시면 됩니다.

화면 이미지 결정하는 법

착상

우선 무엇을 그리던 간에 머릿속에 그리고 싶은 것을 상상하는 것부터 시작해야 합니다. 저는 일상에서 볼 수 있는 다양한 빛의 변화나 풍경 현상에서 아이디어를 찾는 경우가 많습니다. 이번에는 「홍콩의 교차로」 「각도가 있는 빨간 빛」 이 두 가지에서 착상을 얻었습니다.

그림 A-1 홍콩의 교차로에 있는 건물

그림 A-2 빨간 빛의 이미지

자료수집

다음에는 자료를 수집합니다. 자료라고 하는 것은 주로 이미지입니다. 가장 좋은 방법은 자신이 발로 뛰어서 사진을 찍는 것이지만, 인터넷을 이용하여 수집하는 것도 좋습니다. 그리고 싶은 것에 관련된 다양한 것들을 자료로 수집합니다.

이번에는 처음에 착상했던 「홍콩의 교차로」 「각도가 있는 빨간 빛」 관련된 요소가 있는 자료를 각각 수집합니다. 자료수집에서 중요한 것은 가능한 한 많은 자료를 모으는 것입니다. 하나의 요소마다 최소한 10개 정도의 자료를 모으는 것이 좋습니다. 많이 모으다 보면 그 자료들을 통해 공통점이 보이게 되고, 자신이 그리고 싶은 것이 명확해집니다.

또 수집한 자료가 적으면 아무래도 특정한 자료에 의존하게 되어 자유롭게 화면을 구성하고 색을 사용하는 것이 어려워지는 일도 일어날 수 있으므로, 가능한 한 많은 자료를 수집해봅시다.

스케치

다음에는 수집한 자료를 바탕으로 스케치를 합니다. 이 스케치는 주로 구도를 정하고 그리고 싶은 것과 관련된 정보를 정리하기 위해 하는 것입니다. 생각한 것을 최대한 많이 그리는 것이 포인트입니다.

그리고 이번에는 디지털로 작업을 했지만 종이와 연필로 스케치를 해도 좋습니다. 디지털의 경우는 도트 그래픽과 같이 지나치게 낮은 해상도로 설정하지 않도록 주의합니다. 그 편이 사물의 구조와 미묘한 차이 등을 파악하기 쉽고 정보도 정리하기 쉽습니다.

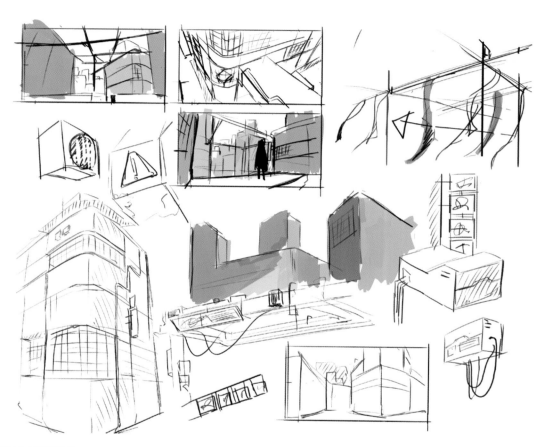

그림 A-3 스케치의 한 예

스케치를 하면서 서서히 완성된 구도를 도출해 갑니다. 이 스케치에서는 사물의 배치나 그리고 싶은 것을 파악하기만 하면 되므로 디테일을 그릴 필요는 없습니다. 여러 가지 사물과 구도, 화면 배치를 생각나는 대로 그립니다.

이러한 자료들과 스케치에서 얻은 착상과 구도를 화면에 그려갑니다.

Photoshop 설정

Photoshop 설정

다음은 그림을 그리기 위해 토대가 되는 캔버스를 만들어야 합니다. [파일]→[새로 만들기]를 클릭하여 [새로 만들기 문서] 창에서 캔버스를 설정합니다. 문서 이름을 적당히 입력한 후, 폭을 「480」픽셀, 높이를 「270」픽셀로 설정합니다. 이것은 가로로 480개, 세로로 270개의 도트가 들어가는 크기의 캔버스라는 뜻입니다. 단위는 반드시 픽셀을 선택하도록 합시다.

덧붙여 말하면 이번에 제작한 사이즈는 도트 그래픽을 그리는 데 있어서는 해상도가 높은 편입니다. 높은 해상도는 작업량이 늘어나고 도트 그래픽다운 모습을 잃어버리기 쉽지만, 잘 활용하기만 한다면 그만큼 세세한 디테일을 살리고 미려하게 표현할 수 있는 해상도이기도 합니다. 반대로 낮은 해상도는 세세한 디테일을 표현하기 어렵지만, 도트 그래픽 특유의 섬세한 표현과 독특한 질감을 표현할 수 있습니다. 이번 케이스는 어디까지나 하나의 예시이니, 자신에게 맞는 사이즈를 찾아봅시다. 도트 그래픽의 경우 나중에 해상도를 조정하는 것이 어려우니 주의합시다. 설정이 끝나면 마지막으로 [제작] 버튼을 누릅니다.

추가로 말하자면 작품을 만들 때에는 작품마다 폴더를 작성하여 자료와 백업 데이터 등 같은 그림에 관한 데이터를 한 곳에 모아서 저장해 두면 편리합니다. 이것으로 캔버스 설정은 끝났습니다.

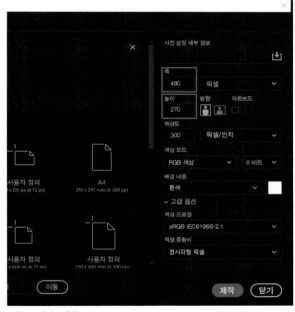

그림 A-4 캔버스 제작

POINT

여담이지만 해상도에 관해 자주 「dpi(상대해상도)」 설정과 「절대해상도」에 관한 내용을 혼동하는 사람들이 있습니다. dpi는 도트/인치라는 뜻으로, 인쇄를 하거나 실제 현실 세계에서 그림으로 옮길 때에 의미가 있는 단위입니다. 디지털만으로 만들어내는 그림의 경우는 dpi를 정하는 것이 불가능하기 때문에, dpi가 아닌 단순히 픽셀의 갯수만을 지정하는 절대 해상도가 중요합니다.

앞에서의 설정은 dpi 항목이 300으로 되어 있지만, 이번에는 완성된 작품을 그대로 인쇄하는 것을 생각하고 있지 않기 때문에 의미가 없는 수치입니다. 초기 설정 그대로 두어도 문제 없습니다.

도트 그래픽을 위한 설정

연필 도구 - 단축키 : [B]

Photoshop에서 도트 그래픽을 만들 때에는 기본적으로 이 [연필 도구]를 사용하게 됩니다.
단축키는 [B]지만 초기 상태라면 [브러시 도구]입니다. 도구바의 브러시 아이콘을 마우스로 누르고 있으면 연필 도구를 선택할 수 있습니다. 도구바에서 [연필 도구]을 한 번 선택해두면 [B]키를 눌렀을 때 바로 연필 도구를 사용할 수 있습니다.

그림 A-5 [연필 도구] 선택

캔버스 위에서 우클릭을 하면 브러시를 선택할 수 있지만, 초기 설정에서는 도트 그래픽을 그릴 때에 딱 맞는 브러시가 없기 때문에 만들어둡니다. [F5]키를 누르면 브러시 패널이 열립니다. [브러시 모양] 에서 「사각형(1 pixel)」을 선택하여 [모양]만 체크합니다.
브러시 리스트 중에서 「사각형(1 pixel)」 브러시가 없는 경우에는 위쪽 브러시 메뉴의 톱니 아이콘에서 [레거시 브러시]를 클릭하여 추가해 주십시오.

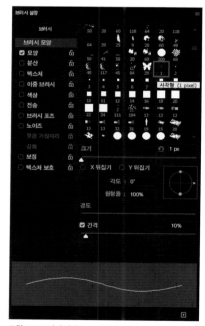
그림 A-6 브러시 패널

그 후 [연필 도구] 그대로 캔버스 안을 우클릭하여 브러시 선택 화면을 엽니다.
브러시 선택 화면 오른쪽 위의 [+] 버튼을 눌러 신규 브러시 등록 메뉴를 엽니다.
이름을 「1 pixel」로 하고, [도구 설정 포함]에 체크가 되어 있는 경우는 체크 표시를 지운 다음 [사전 설정으로 브러시 크기 캡처]에 체크를 하고 [확인]을 누릅니다.

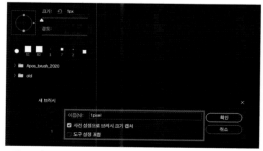
그림 A-7 신규 브러시 등록

이것으로 브러시가 등록되었습니다. 기본적으로는 지금 만든 브러시를 사용하여 그릴 수 있지만, 필요에 따라 지금과 같은 순서로 언제든지 추가하면 됩니다. 지우개 도구에서도 동일하게 브러시 설정을 사용할 수 있습니다. 만약 자신이 브러시를 만들 경우에는 연필 도구로 되어 있는지와 [불투명도]가 100%가 되어 있는지에 주의하여 브러시를 등록합시다.

특히 [불투명도] 수치는 주의가 필요합니다. [불투명도]를 의도적으로 조정하여 사용하는 경우도 있으나 기본적으로는 100%를 유지하여 사용하도록 합니다. 그렇게 하지 않으면 컬러 수가 의도하지 않게 늘어나게 되어 도트 그래픽의 장점이 사라지는 원인이 됩니다.

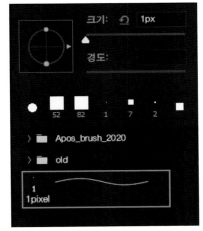

그림 A-8 브러시 등록 완료

지우개 도구 - 단축키 : [E]

색을 지우기 위해 사용하는 도구입니다. 기본적으로는 연필 도구와 마찬가지 방식으로 사용합니다.

한 가지 주의가 필요한 것은 상태 바의 [모드]를 [연필]로 변경할 필요가 있다는 것입니다. 이렇게 하지 않으면 안티에일리어스가 들어간 흐릿한 윤곽이 되어버립니다.

이것도 브러시와 마찬가지로 불투명도에 주의하여 100%를 유지하여 사용하도록 합니다.

특히 지우개는 작업 도중에 의도하지 않게 불투명도가 99% 등의 수치가 되어버리는 경우가 있습니다. 눈으로 봤을 때에는 알지 못하지만 색상선택이나 패인트 통 등을 사용하는 경우 어색해지게 됩니다. 주의합시다.

그림 A-9 [지우개 도구]의 [모드] 설정

페인트 통 도구 - 단축키 : [G]

닫힌 구역 안을 채울 때에는 페인트 통을 사용합니다. 상태 바의 [허용치]를 0으로 하고, [앤티 앨리어스(안티에일리어스)]는 체크를 취소합니다. [인접]은 상황에 맞춰서 사용해줍니다. [인접]을 체크해두면 이어져 있는 면만 칠하게 됩니다.

그림 A-10 [페인트 통 도구]의 설정

자동 선택 도구 - 단축키 : [W]

색을 지정하여 선택할 때 사용합니다. 도트 그래픽은 대부분 컬러 수를 제한하여 그릴 때가 많기 때문에 자동 선택 도구는 편리하고 매우 자주 사용하는 도구입니다. [페인트 통 도구]와 마찬가지로 상태바의 [허용치]를 0으로 하고, [앤티 앨리어스]의 체크를 해제합니다. [인접]에 관한 부분도 마찬가지로 상황에 따라 구별하여 사용합니다. [인접]에 체크가 되어있으면 영역이 연결된 면만 선택할 수 있습니다.

상태바 좌측에 있는 사각형이 겹쳐져 있는 것과 같은 네개의 아이콘 그림은 선택 영역의 추가 방식을 나타내고 있습니다.
기본적으로는 왼쪽부터 두 번째에 있는 [선택 영역에 추가]로 해두면 편리합니다. 선택 범위를 고를 때마다 원래부터 선택되어 있던 범위에 선택 범위가 추가로 더해집니다.

그림 A-11 [자동 선택 도구]의 설정

스포이드 도구 - 단축키 : [I] 또는 [Alt]키를 누른 상태에서 클릭

[스포이드 도구]은 화면에 존재하는 색을 그대로 그림을 그리는 색으로 사용하고 싶을 때에 사용합니다.
[Alt]키를 누른 상태에서 클릭은 자주 사용하는 기능이니 기억해 둡시다.

픽셀 격자

Photoshop의 초기 설정에서는 [픽셀 격자]가 적용되게 설정되어 있습니다.
이것은 화면을 확대했을 때에 픽셀의 경계를 알기 쉽게 해주는 기능이지만, 도트로 풍경 그림을 그릴 때에는

방해가 되는 경우도 종종 있으므로 이번에는 효과를 꺼둡니다.
메뉴에서 [표시]→[표시·비표시]→[픽셀 격자]로 변경할 수 있습니다.

편리한 단축키

■ 캔버스 선택

[Ctrl]키를 누른 상태에서 캔버스 위를 클릭하면 클릭한 지점에 그림이 그려지는 레이어를 캔버스에서 직접 선택할 수 있습니다. 레이어 수가 많아졌을 때 편리한 기능이니 기억해 둡시다.

■ 캔버스 좌우 반전

캔버스를 좌우 반전시켜서 그림의 밸런스를 확인할 수 있습니다. 이것도 자주 사용하는 기능이지만, 초기 설정이면 단축키가 등록되어 있지 않으므로 설정해 둡시다. 메뉴의 [편집]→[바로 가기 키 및 메뉴]에서 단축키 편집 메뉴를 엽니다. [영역]을 펼쳐서 [응용 프로그램 메뉴]를

열고, [이미지]→[캔버스 가로로 뒤집기] 단축키를 등록합니다. 저는 [Alt]+[Ctrl]+[H]로 해두고 있는데, 사용하기 편한 키로 설정해 두면 됩니다.

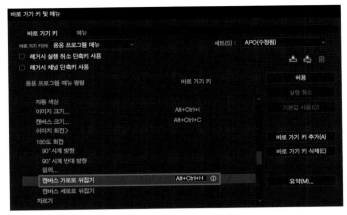

그림 A-12 단축키 등록

■ 화면의 확대 축소

[Alt]+[마우스 휠 위/아래]로 화면 확대와 축소가 가능합니다.
세세한 곳을 그려 넣을 때는 확대하고, 전체의 밸런스를 확인할 때엔 축소합니다.
매우 자주 사용하는 기능이니 기억해 둡시다.

구도 만들기

원근보조선

깊이감이 있는 그림을 그릴 때 원근보조선을 사용하는 방법은 매우 편리하기에 이번에도 사용합니다. 실제로 많은 지침서에도 깊이감이 있게 그리기 위해서 원근보조선을 사용하는 방법이 수록되어 있으니 참고로 하면 좋을 것입니다. 목표로 하는 각도(화각)를 표현하는 데에는 약간의 요령과 지식이 필요합니다. 자세한 것은 Chapter 4 「원근법」을 확인하기 바랍니다.

원근보조선을 그릴 때의 포인트·주의점

원근보조선을 그릴 때에는 우선 지평선부터 그리는 것이 좋습니다. 또한 소실점마다 다른 색을 사용하고 레이어도 각각 다른 레이어로 나누는 것이 좋습니다.
선을 그리는 방법으로는 Photoshop일 경우 시작하는 점을 클릭한 뒤, [Shift]키를 누른 상태에서 끝나는 점을 클릭하면 직선을 그릴 수 있습니다. 단, 이 방법은 편하기는 하지만 그렇게 정확하지는 않으므로 어느 정도 정확하게 그리고 싶을 때에는 [펜 도구]를 사용하여 패스를 그리고, 옵션에서 [패스 획]을 선택하면 패스를 따라 정확한 선을 그릴 수 있습니다.

원근보조선 그리기

우선 배경 레이어 위에 신규 레이어를 작성하고, 지평선을 정하여 수평하게 선을 긋습니다. 그 후 스케치를 바탕으로 완성된 그림을 대략적으로 예상해서 소실점을 결정합니다. 이번에는 좌측 안쪽 방향으로 길게 뻗은 골목을 그리고 싶기에, 첫 번째 소실점(녹색선)을 화면 좌측 안쪽으로 설정하고, 이것과 90도를 이루는 두 번째 소실점(빨간선)을 첫 번째 소실점에 가까운 곳에 둠으로써 다이내믹한 광각감을 얻을 수 있도록 했습니다.
이 두 개의 소실점이 멀어질수록 화면은 안정되고 움직임이 없는 망원 구도가 됩니다.
이번에는 삼점투시도법을 사용하고자 했으므로, 추가로 위아래 방향 원근감을 주기 위해 화면 위쪽 바깥에 소실점을 설정하여 보조선(파란선)을 그었습니다.

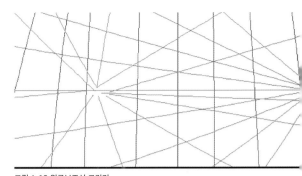

그림 A-13 원근보조선 그리기

원근보조선 레이어의 그룹화

원근보조선을 그린 각 레이어를 [Ctrl]키를 누른 상태에서 차례대로 클릭하여 복수 선택합니다. 이 상태에서 [Ctrl]+[G]키를 눌러서 레이어를 하나의 레이어 그룹으로 묶습니다. 만들어진 레이어 그룹의 이름을 더블 클릭하여 [원근보조선]이라는 이름으로 변경해 둡니다.

[원근보조선] 그룹을 선택하여 레이어 윈도우의 불투명도를 50% 정도로 설정하면 이후 선화를 그릴 때에 보기 쉬워집니다.

오브젝트의 배치

앞에서 그린 보조선을 바탕으로 화면에 오브젝트를 배치합니다.
기본적으로는 1px 크기의 [연필 도구]로 그립니다. 구조물을 그릴 때에 시작하는 점을 클릭하고 [Shift] 키를 누른 상태에서 끝나는 점을 클릭하여 직선을 긋습니다.

구조물을 그릴 때에는 모은 자료들을 보면서 이미지를 부풀려 나가면서 그립니다. 그림 A-14에서는 언뜻 보기에는 구조물을 쉽게 그린 것처럼 보이지만, 실제로는 여러 번 그리고 지우기를 반복하면서 형태를 잡았습니다. 수정은 얼마든지 가능하니, 시행착오를 반복하면서 알맞은 형태를 찾아갑니다.

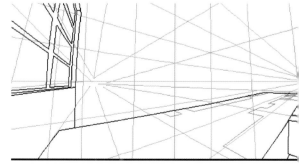

그림 A-14 원근감에 맞추어 구조물을 그린다

또한 각 오브젝트별로 레이어를 나누어 두면 나중에
위치를 미세 조정하거나 건물별로 색을 변경하거나
할 때 편리합니다.
근경→중경→원경 순으로 이미지를 잡아나갑니다. 앞
쪽에 주요 건물부터 그리고, 서서히 안쪽에 있는 건물
을 그려나가면 화면의 깊이감을 파악하기 쉬우며 리
얼리티가 있는 공간을 만들 수 있습니다. 또한 깊이별
로 색을 나누면 화면을 알기 쉽고 공간을 파악하기 쉬
워집니다.

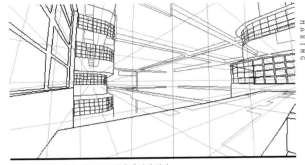

그림 A-15 원근감에 맞추어 구조물을 추가해 간다

선화가 완성되었습니다. 이 공정 단계에서 어느 정도 전체적인 이미지를 파악할 수 있을 때까지 만들어두면 그 후의
작업이 편해지니 만족할 수 있을 때까지 그려봅시다.

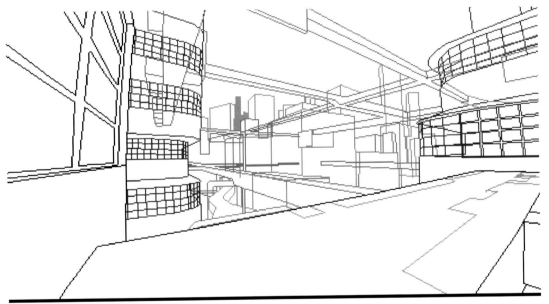

그림 A-16 이미지 완성

화면 전체의 색 정하기

빛을 의식해서 색배치하기

다음으로 화면의 색, 조명을 결정합니다. 이번에는 빨 간 빛을 콘셉트로 그리고 있었으므로 저녁 시간대를 상상하여 색을 배치했습니다. 빛에 대해서는 Chapter 7 「빛·음영」에서 소개하고 있으니 참고합시다.
선화의 레이어에 직접 [페인트 통 도구]와 [연필 도구] 를 사용하여 색을 넣습니다. 색을 넣을 때에는 [자동

선택 도구]을 사용합니다. 색을 배치하고 싶은 곳만을 [자동 선택 도구]로 선택하고, 사이즈를 크게 한 [연필 도구]로 색을 칠하면 같은 면 안에서 색의 변화가 있 는 곳도 간단하게 색을 배치할 수 있게 됩니다.

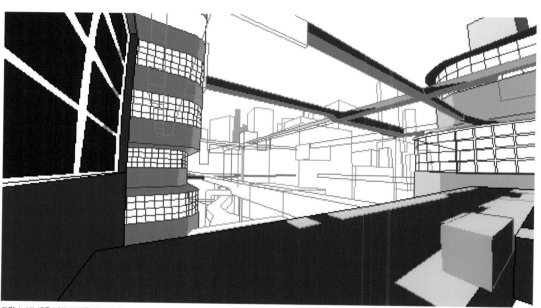

그림 A-17 색을 넣고 조명을 결정한다

이번에는 빛이 비치는 방향을 화면 안쪽에서 앞쪽으 로 비치는 것으로 설정하고 색을 배치했습니다. 빛이 닿는 면은 가장 강한 광원인 태양의 영향을 받기 때문 에, 저녁때의 태양에서 받는 오렌지나 빨간색과 같은 난색을 사용했습니다. 반면 그늘 부분은 태양이 저무 는 쪽 반대측 하늘 색깔의 영향을 받습니다. 이번에는 저녁때이기 때문에, 파란 하늘이 낮처럼 푸르지 않고 약간 어둑해졌을 것이므로 그렇게까지 강한 파란 색 의 영향을 받지 않을 것을 상정하고 약간 색을 탁하게 한 파랑을 배치했습니다.
화면 상부에 위치한 격자 모양의 구조물 아랫면이 약 간 밝게 되어 있는 것은, 빛을 강하게 받고 있는 아래

쪽 면에서 생겨난 반사광의 영향을 받고 있는 것을 의 식적으로 반영했기 때문입니다. 이와 같이 빛의 영향 을 머릿속에서 시뮬레이션하면서 색을 배치해 갑니 다. 하늘색 부분에는 선형(Linear) 그레이디언트 기능 을 사용했는데, 이것은 전체의 이미지를 파악하기 위 해 임시로 배치해둔 것으로 나중에 컬러 수를 줄일 예 정입니다. 하늘의 색을 정해두면 광원처리의 주요부 분을 정리하기 좋으니 먼저 결정합니다.
또한, 저는 화면을 크게 가로지르는 그림자가 들어가 는 형태로 광원배치를 하는 경우가 많습니다. 이것은 그늘진 곳을 따라 각 오브젝트가 연결되면 화면의 깊 이감이 좀 더 잘 느껴지게 되기 때문입니다.

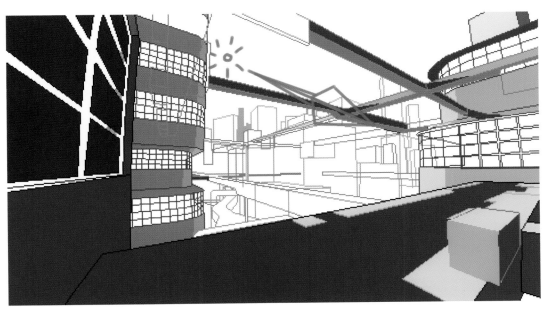

그림 A-18 빛의 방향과 강도를 고려한다

그림 A-19 전체의 색을 배치한다

색 밸런스 조정하기

여기서 한 번 전체적인 색을 조정합니다. 이대로는 화면 전체의 색 밸런스를 의식한 배색이 불가능하므로, 조정 레이어를 사용하여 색의 밸런스를 정리해 둡니다. [레이어]→[새 조정 레이어]→[그레이디언트※ 맵]을 선택하여 그레이디언트 맵 조정 레이어를 작성하여 가장 위에 둡니다. 그레이디언트 맵의 조정 패널을 보면 그림 A-20과 같이 컬러바가 표시되어 있습니다.

※그레이디언트(Gradient)≒그러데이션(Gradation)

그림 A-20 그레이디언트 맵의 설정

그레이디언트 부분을 클릭하면 그러데이션을 조정할 수 있는 화면이 나옵니다. 그레이디언트 맵이란 그려져 있는 면에 명도값을 기준으로 대응하는 색을 배치하는 기능입니다.

이번에는 그림 A-21과 같이 어둡게 되어있는 곳은 감색, 중간 정도 밝은 곳은 핑크, 밝은 곳은 오렌지와 하늘색, 그리고 흰색이 되도록 조정했습니다, 이렇게 함으로써 그림자 부분은 보다 어두운 파란색으로 변하고, 빛 부분은 난색 이미지가 보다 강해지게 됩니다.

그레이디언트 맵에서 색을 조정할 때 기본적으로는 그림자색(왼쪽)에 파랑 등의 한색 계열을 고르면 안정되지만, 자유롭게 골라도 문제는 없습니다. 또한 그림자색(왼쪽)을 기준으로 순차적으로로 명도가 올라가도록 색을 고르면 더 안정되어 보입니다. 컬러 수로는 적어도 세 가지 색 이상으로 그러데이션을 만들면 어느 정도 폭넓은 색깔을 활용된 결과를 기대할 수가 있습니다.

그리고 그림자 면과 빛 면의 색상을 다르게 함으로써 그림 전체가 평탄하고 재미없는 지루한 색깔 사용이 되는 것을 방지해 줍니다. 만약 화면에 색감이 부족하다고 느낄 경우에는 적극적으로 사용해 보면 좋은 기능입니다.

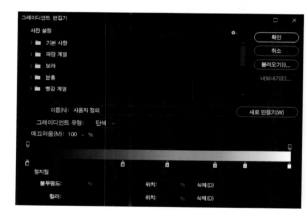

그림 A-21 그레이디언트 맵 조정

색 고르기가 끝났다면 조정 레이어의 [불투명도]를 10~30%로 떨어뜨립니다. 이번에는 30%로 했습니다. 다음으로 조정 레이어를 레이어에 합성합니다. 조정 레이어를 선택한 상태로 [레이어]→[레이어 복제]를 선택하여 복사한 레이어를 합성하고 싶은 레이어 위에 둡니다. 이어서 복사한 레이어와 합성하고 싶은 레이어 두 가지를 선택한 상태에서([Ctrl]키를 누른 상태로 선택하면 복수선택이 가능) [레이어]→[레이어 병합]을 실행

하여 두 개의 레이어를 합성시킵니다.

조금 수고스럽지만 이것을 표시 레이어 전체에 적용합니다. 이 작업을 하면 되돌리기 어렵기 때문에 작업 전에 미리 다른 이름으로 저장하여 백업을 만들어둡니다.

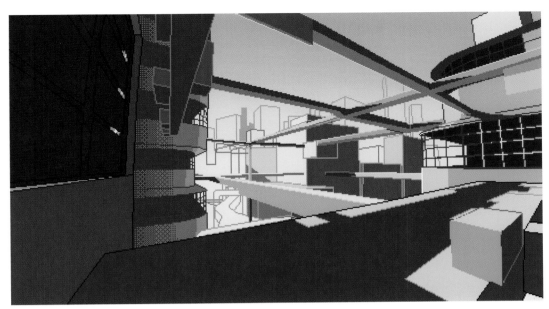

그림 A-22 그러데이션 맵을 사용한 색을 조정

세세한 오브젝트를 배치하면서 건물의 그림자, 반사광을 그려넣어 화면 전체의 색 배치를 끝낸 상태가 되었습니다. 여기에서 다시 한 번 화면의 전체적인 밸런스를 확인합니다. 확대해 보거나 반전시켜 보거나 하면서 구도와 색 배치를 확인합니다.

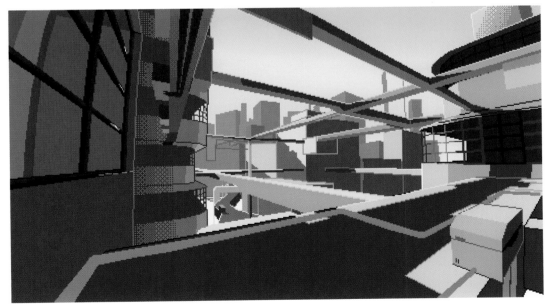

그림 A-23 화면의 밸런스를 정리한다

세부 묘사

지면의 반사

반사를 만듭니다.

이번에는 화면 앞쪽 부분의 지면에 반사(비쳐보임)를 그리고 싶었으므로, 표면의 재질을 거울처럼 빛을 반사하는 경면 소재로 잡았습니다. 우선은 반사 부분의 베이스가 될 레이어를 작성합니다. 반사시키고 싶은 부분의 레이어를 선택하여 [자동 선택 도구]([허용치:0], [인접]에 체크)하여 반사시키고 싶은 장소를 선택합니다.

선택이 끝나면 신규 레이어를 작성하고 [연필 도구]를 200px 정도의 크기로 하여 선택 영역을 색으로 채웁니다. 나중에 클리핑 마스크를 작성하기 때문에 반드시 색으로 채운 부분만을 새로운 레이어로 만들도록 합니다. 이번에는 그림 A-24의 빨간색으로 채운 부분에 반사된 모습을 표현할 것입니다.

그림 A-24 반사시키고 싶은 부분을 색으로 채운다(베이스 작성)

색으로 채운 레이어를 선택한 상태에서, 메뉴의 [이미지]→[조정]→[색상/채도]를 클릭하여 색상과 채도, 명도를 조정하여 반사 부분의 색을 조금 더 자연스러운 색으로 바꿉니다. 기본적으로는 하늘 부분의 색과 비슷한 색으로 하는 것이 좋습니다.

이번에는 화면 안에서 가장 밝은 색으로 합니다. 이렇게 해두면 나중에 반사 소재를 클리핑했을 때 명도가 잘 떨어지지 않게 됩니다.

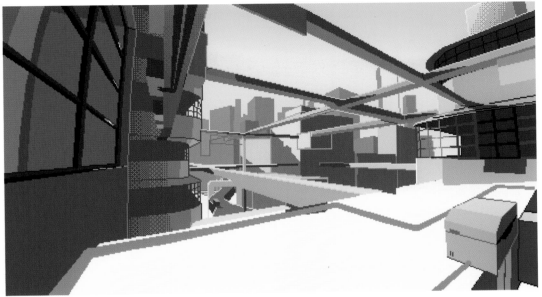

그림 A-25 색으로 채운 면의 색을 주변 환경에 맞춘다

근경을 그린 레이어와 중경을 그린 레이어, 원경을 그린 레이어를 각각 복제하고, 복제한 모든 레이어를 선택한 상태에서 메뉴바에서 [편집]→[변형]→[세로로 뒤집기]를 클릭합니다.

다음으로 복제한 레이어를 색을 채워놓은 반사용 레이어의 위에 배치합니다. 레이어를 선택하여 메뉴바에서 [레이어]→[클리핑 마스크 만들기]를 눌러 클리핑 마스크를 만들고, 각각의 레이어 위치를 화면상에서 위화감이 없도록 바꾸어 조정합니다.

그림 A-26 클리핑 마스크를 사용하여 반사된 모습 만들기

만들어진 일련의 반사용 레이어 그룹(이번의 경우에는 4개 레이어)을 모두 선택하여 메뉴바에서 [레이어]→[레이어 그룹화]를 선택, 레이어 그룹으로 묶습니다. 그리고 그 레이어 그룹의 불투명도를 조정하여 주변과 어울리는 색으로 바꿉니다. 이번에는 불투명도를 40%로 설정했습니다.

그 외에도 레이어의 (혼합) 모드를 [오버레이]와 [스크린]으로 바꾸어 보는 등 화면 상태를 보면서 다양한 방법을 시도하여 만족할 만한 이미지를 찾아갑시다.

그림 A-27 지면 반사(비춰진 모습) 완성

간판, 장식 추가

오브젝트를 추가합니다.

간판과 실외기 등 소품은 세계관을 나타내는 편리한 수단입니다. 전체의 밸런스를 보고 추가해 갑시다.

이번에는 위쪽에 있는 격자 모양의 구조물에 볼륨이 부족하므로, 간판과 기계류를 중점적으로 배치했습니다. 화면 앞쪽에도 화면 안쪽에 있는 것과 같은 물건들이 있으면 디테일을 세세하게 그릴 수 있으므로 안쪽 사물을 자세히 설명해주는 효과가 생깁니다. 이 때문에 앞쪽에도 같은 종류의 기계를 배치합니다.

이제 하늘색의 그러데이션 단계를 기존의 선형 그레이디언트에서 4단계 정도로 떨어뜨립니다. 하늘의 이미지가 명확해지면 화면의 조명이 확고해집니다. 이 즈음에서 하늘의 색감을 바탕으로 최종적인 이미지를 대략적으로 예측하면서 작업을 진행합니다.

그림 A-28 오브젝트의 대략적인 형태를 잡아준다

오브젝트를 그릴 때에는 우선 외부 형태를 잡습니다. 그 후 빛과 그림자의 영향을 생각하면서 전체의 색을 칠합니다. 색을 배치하면 일단 화면을 확대해 보고 전체 그림에서 오브젝트가 붕 떠 있지 않은지를 확인합니다. 확인하여 문제가 없으면 내부 디테일을 그려나 갑니다. 이와 병행하여 외부 형태를 잡기 위해 사용한 윤곽선을 오브젝트에 녹아들도록 하는 작업도 동시에 진행합니다.

이번에는 원래대로라면 조명 관계상 하이라이트가 들어가지 않는 모서리 부분에 일부러 하이라이트를 넣었습니다. 이것은 오브젝트가 그림자에 묻혀 눈에 띄지 않게 되는 것을 피하기 위함이고, 또 각진 부분의 예리함을 강조하기 위함입니다.

마지막으로 녹색 유리의 반사광을 측면에 추가했습니다.

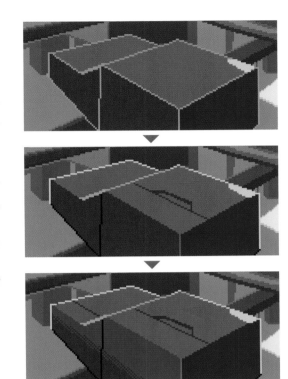

그림 A-29 각 오브젝트에 디테일을 추가한다

마찬가지로 조명을 생각하면서 세부 디테일을 묘사하고 새로운 오브젝트도 추가로 그려 넣어 갑니다.

그림 A-30 오브젝트를 계속 추가한다

배선, 조명, 간판의 글씨와 얼룩 등 세세한 요소는 세계관을 설명하기 위한 보조역할을 해 줍니다. 자기 안에 있는 세계관을 부풀려서 자유롭게 추가해 갑니다.
사물을 추가하는 작업에 재미가 붙어 그림에 몰두하다 보면 화면 전체의 밸런스를 잊어버리게 되는 경우도 있습니다. 항상 화면 전체의 밸런스를 살펴가면서 작업하도록 합니다.

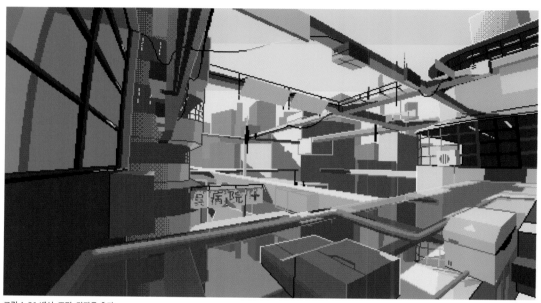

그림 A-31 배선, 조명, 간판을 추가

앞쪽의 오브젝트와 지면에도 흠집을 추가했습니다. 앞쪽 부분의 디테일을 상세하게 묘사하면 전체적인 화면이 독자에게 주는 인상이 더 다양해지며 나아가 깊이감도 더 생겨납니다.
오브젝트와 디테일을 추가하는 과정에서 색과 형태가 겹쳐져 근경과 중경의 구별이 어려워졌으므로, 근경에 아웃라인을 넣어 눈에 더 잘 띄게 합니다. 아웃라인을 잘 활용하면 존재감을 강조할 수 있으나 지나치게 넣으면 오히려 입체감과 사실성이 손상될 수도 있으므로 어디에 넣을지 잘 생각하여 넣읍시다. 만약 아웃라인을 넣은 결과 형태가 지나치게 강조되었을 경우에는 아웃라인의 색을 조정함으로써 배경과 어우러지게 만들 수 있습니다. 예를 들어 위쪽에 있는 격자 모양 구조물의 좌측 부분 모서리를 보면 알겠지만, 흰색이 아니라 오렌지를 사용했습니다. 흰색으로 해버리면 배경 부분에 사용한 감색과의 콘트라스트 차이에 의해 좌측 벽면보다도 강조되어 버리기 때문에 오렌지색으로 조정한 것입니다.

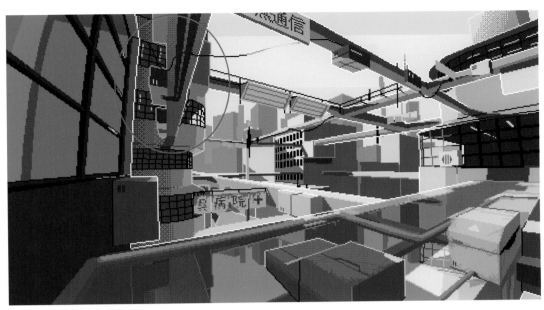

그림 A-32 디테일과 아웃라인 조정

또한 세계관을 강조하기 위해서 빌딩의 창문과 바람에 휘날리는 빨간 천을 추가하고, 부족한 빌딩 내부의 입체감을 높이기 위해 형광등의 빛을 넣어 구조의 입체감을 강조했습니다.

조명 등 눈에 띄는 것들을 사용하여 내부 구조를 예측하게 만드는 방법은 적은 작업량으로 입체감을 만들어내는 데에 효과적입니다. 또한 유리와 격자 등을 조합하여 넣음으로써 보다 입체감을 끌어올릴 수 있으며, 독자가 구조를 이해하는 데에도 도움이 되기 때문에 적절히 병용하여 사용해 봅시다.

그림 A-33 세계관에 관한 정보의 밀도를 점점 높인다

캐릭터 그리기

캐릭터를 그려넣습니다.
우선은 대략적으로 그려봅니다. 실루엣만 그려도 되니 이 모양 저 모양 다양하게 시험해면서 마음이 가는 패턴을 찾습니다.
캐릭터는 어떻게 배치해도 상관없지만 캐릭터보다도 배경을 메인으로 강조하고 싶은 경우에는 정적이고

움직임이 적은 포즈가 좋습니다. 반대로 배경보다도 캐릭터를 보여주고 싶은 경우에는 책에서 소개한 순서대로 그리는 것보다는 배경을 그리기 전에 캐릭터의 포즈와 구도부터 정하는 것이 좋습니다.
이번에는 배경을 중심으로 한 그림을 그리고자 하였기에 캐릭터는 마지막에 그렸습니다.

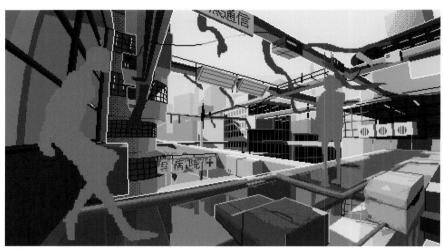

그림 A-34 캐릭터의 모습을 대략적으로 잡는다

어느 정도 윤곽이 정해졌다면 캐릭터에 색을 칠하는 과정으로 넘어갑니다. 만약 이미지와 다른 경우에는 다시 한 번 실루엣부터 포즈를 만들어 봅시다. 이번에는 오른쪽의 캐릭터가 실루엣 단계에서는 저 멀리 화

면 안쪽을 향하고 있었으나, 이미지와 조금 달랐기 때문에 최종적으로는 화면 쪽을 바라보게 되었습니다. 전체를 보고 밸런스가 괜찮아 보이면 그대로 세부 묘사 작업에 들어갑니다.

그림 A-35 캐릭터에 색을 넣는다

옷의 주름과 그림자를 그림으로써 캐릭터의 입체감을 더합니다.

또한 눈은 캐릭터를 그리는 데 있어서 중요한 부분이므로 계속 조정을 반복하면서 그려갑니다. 저는 눈은 가능한 상세하게 그리고 싶어서 다른 곳에 비해 컬러 수를 많이 사용하는 편입니다.

그림 A-36 캐릭터 세부 묘사

좀 더 떨어진 곳에 있는 캐릭터는 앞쪽에 있는 캐릭터보다 작기 때문에 디테일을 표현할 만한 곳이 그다지 많지 않습니다. 눈도 한쪽 눈만 보이고 도트도 몇 개밖에 사용할 수 없습니다. 이 때문에 세부적인 디테일보다는 전체 그림과 잘 어울리는지를 중시하여 그렸습니다.

그림 A-37 캐릭터 세부 묘사

조정

색 조정

색을 조정합니다.

이번에는 [곡선]으로 밝기를 계속 조정하면서 [색상 균형]으로 색 영역별로 색감을 조정했습니다. 스스로 만족할 수 있는 색감을 찾아봅시다. 작가의 개성이 드러나는 곳이기도 합니다. [색상·채도]나 [그레이디언트 맵]을 사용하는 것도 좋습니다.

시간은 얼마든지 걸려도 좋으니 자유로운 발상으로 다양한 색을 시도해 보십시오. 저는 이 단계에 많은 시간을 투자합니다. 이번에는 전체적인 색감을 약간 변경하고, [색상 균형]를 이용해 섀도를 파랑 중심으로, 하이라이트를 빨강 중심으로 조정하여 채도를 높였습니다.

그림 A-38 색을 조정한다

캐릭터에 아웃라인을 넣고 그림자와 지면 반사를 추가했습니다.

아웃라인은 오브젝트에 아웃라인을 넣은 것과 마찬가지로 캐릭터를 강조하기 위해서 넣었습니다. 또한 지면에 드리워지는 그림자를 추가하여 캐릭터와 지면과의 사이에 접지감을 만들어 배경에 어우러지게 합니다.

그림 A-39 아웃라인과 그림자 추가

이펙트 추가

마지막으로 화면에 이펙트를 추가하고 마무리하면 그림의 매력을 효과적으로 높일 수 있습니다. 렌즈 플레어나 파티클, 색 수차 등이 그것입니다. 소소한 요소들이기는 하지만 그림의 매력을 크게 높일 수 있습니다. 마지막으로 이펙트 추가를 검토하도록 합시다.

이번에는 바람을 표현하기 위해서 화면에 파티클을 뿌려주었습니다. 빨간 천이 나풀거리는 것에 더하여 화면 안쪽에서 앞쪽으로 불어오는 이미지로 하얀 먼지를 추가했습니다. 이펙트 추가가 끝나면 마지막으로 한 번 더 색을 조정합니다. 이번에는 전체적 색상을 약간 핑크빛으로 재조정했습니다. 또한 채도와 곡선을 이용하여 미들 톤의 밝기를 약간 높였습니다.

이것으로 완성입니다.

그림 A-40 파티클 추가 및 최종 조정

출력(내보내기)

완성한 것을 파일로 출력(내보내기)합니다.
PNG 형식으로 출력하면 파일을 저장했을 때 색이 무너지지 않습니다. 우선은 메뉴에서 [파일]→[내보내기]→[웹용으로 저장]을 선택합니다.

그림 A-41 웹용으로 저장

내보내기 화면이 표시되면 출력 파일 형식을 [PNG-24]로 설정합니다.
이대로는 해상도가 지나치게 낮으므로 필요에 따라 [퍼센트]를 이용하여 사이즈를 변경합니다. 이때 반드시 2배(200%)나 3배(300%)와 같은 정수배로 확대치를 설정하도록 합니다. 그렇게 하지 않으면 도트가 망가질 수도 있습니다.
그리고 [품질]에서 [최단입점]을 선택합니다. 「최단입점」으로 확대하지 않으면 안티에일리어스가 들어간 흐릿한 화상이 돼버리기 때문에, 도트 그래픽을 그린 의미가 없어집니다.
출력 설정이 끝나면 [저장] 버튼을 눌러 완성합니다

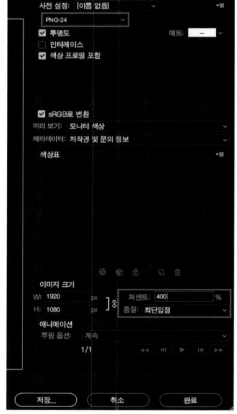

그림 A-42 [PNG-24] 출력 설정

TIPS

GIF 형식으로 출력할 경우에도 마찬가지 부분에 주의하여 설정을 진행합니다.
GIF로 출력을 할 때에는 그림 A-43의 설정 화면을 참고하여 설정해 보십시오.
물론 필요하다면 사이즈도 정수배로 확대하시면 됩니다.
특히 디더 부분은 [디더 없음] 설정으로 해두지 않으면 의도하지 않은 부분에 타일 패턴이나 노이즈가
발생하는 일도 있으므로 주의합시다.

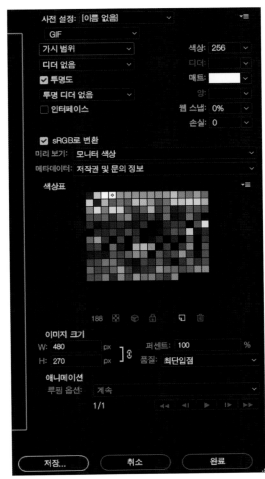

그림 A-43 [GIF] 출력 설정 화면

TITLE : LAND MARK

ULTIMATE PIXEL CREW REPORT

MAKING

Title: 제작과정 모토크로스 사이토

MAKING:MOTOCROSS SAITO

TOOL:PHOTOSHOP / ILLUSTRATOR

구상

우선 그림을 그리기 전에 지금 자신이 무엇을 그리고 싶은지를 생각하는 것부터 시작합니다.
스스로에게 어떤 울림을 주는 그림 아이디어를 평상시부터 많이 쌓아둡시다. 개인적 견해이지만 아무것도 없는 상태에서는 무언가가 만들어질 수 없으므로 어쨌든 보는 것이 중요합니다.

이번 그림의 아이디어는 제가 버스에 탔을 때 생각한 것입니다. 이와 같이 일상생활 속에서도 많이 봐둠으로써 소재가 발견되기도 하고, 인터넷에도 매력적인 그림들이 많이 있으므로 그런 것들을 아이디어를 얻는 계기로 활용해 봅시다.

발견·착상·사전조사

이번 아이디어는 버스가 출발하는 순간에 한순간 전기가 나가서, 그 순간의 공간의 변화가 버스라고 하는 색다른 공간을 강조시키는 듯한 감각에서 착상을 얻었습니다.

거기서 출발해 밤의 버스 안을 그리자고 결정했습니다. 제가 느낀 감각을 재현할 수 있으면 재미있을 것이라고 생각했기 때문입니다. 그리고 싶은 것이 결정된 단계에서 모티브에 대해서 조사합니다. 그릴 것에 대해 알아두면 애착이 생기기 쉽고, 애착이 생기면 그 사물이 갖는 장점을 끌어내기도 쉬워지기 때문입니다. 사전 조사 시점에서 레퍼런스가 될 만한 이미지들을 저장해둡니다. 단, 파고들기 시작하면 끝이 없어지므로 어느 정도의 선까지 조사했다면 다음 단계로 넘어갑니다.

밑그림

어느 정도 구상이 정해지면 펜과 종이를 준비합니다. 우선 무엇이든 좋으니 그릴 수 있는 것을 준비하여 초고 준비를 합니다. 저는 가볍고 「Adobe Photoshop(이하 Photoshop)」과의 연계가 쉽다는 이유로 iPad의 「Procreate」라고 하는 애플리케이션을 사용하고 있습니다.

이야기 설정

앞에서 서술한 구상을 바탕으로 그리고 싶은 것을 떠올리면서 종이 위에 펜으로 그림과 문장을 써봅니다.
그림 속에 등장시키고 싶은 대상을 정리하고 그 대상에 의미를 부여하면서 이야기를 구축해 갑니다.

등장하는 것들

「상황」과 「누가 있는가」와 같은 스토리를 설정해 갑니다. 이것과 동시진행으로 대상을 고르고 의미를 붙여나갑니다. 이번 그림에서는 조용한 밤, 버스 안에 승객이 몇 명 있고, 조명은 약간 어두우며, 귀가 또는 이동 중인 시간이라는 점에서 약간 나른한 분위기를 내고 있습니다. 그러나 버스의 내장은 원색이 과다해서 색감만은 화려한 양상을 보이고 있습니다. 이번에는 버스 안의 인테리어를 중심으로 보여주고자 했으므로, 버스와 사람 이외의 것들은 최소화시켰습니다. 그 밖에는 「약간의 광고」와 「바깥의 조명」「창에 비친 모습」 등을 설정했습니다.

그것들의 의미

동시에 설정해둔 것들의 효과 등에 의미를 부여합니다. 약간은 모호해도 상관없지만 의미를 부여하고 있으면 펜이 멈출 확률이 그만큼 내려갑니다.
이번 그림에서는 창에 비친 모습과 바깥의 조명을 사용하여, 버스 안의 정지된 공간과 버스 밖의 동적인 공간 사이의 갭과 기묘한 분위기를 표현하고 있습니다.

광고는 현실과 연결된 느낌을 내기 위해 배치하였고, 사람(승객)은 시점 유도와 현실감을 위해 배치했습니다. 이 시점에서 사람을 배치할 장소는 대략적으로 정해둡니다. 이 그림에서는 캐릭터 설정을 그리 깊게 하고 있지 않지만, 캐릭터를 좀 더 강조하고 싶은 그림이라면 설정을 깊이 파고드는 것도 이 단계에서 합니다.

구성

그릴 것이 정해지면 초고를 위해 스케치를 여러 장 그립니다. 앞서서 언급한 설정 단계에서 생각한 대상을 화면의 어느 부분에 레이아웃하고 어떻게 보여주고 싶은지를 생각해봅니다.

스케치·레이아웃

우선 레이아웃을 생각하면서 그리고 싶은 대상을 적당히 배치해 갑니다. 이때 중요한 것은 깨끗한 그림을 그리려 하지 말고 우선은 많이 그려야 한다는 것입니다. 구도와 원근법을 적용해서 화면상의 어디에 오브젝트를 배치할 것인지를 정합니다. 이번에는 그리고자 하는 사물의 배치를 이용하여 화면 좌측에서 중앙으로 시선이 움직이도록 레이아웃을 잡았습니다.

구도

레이아웃 잡은 것을 효과적인 구도로 만들기 위해서 어긋나게 하거나 사이즈를 조정하거나 해 봅니다. 이때 원근감도 염두에 두고 작업합니다. 이번에는 정적인 것이 많고. 사물의 배치적으로도 공간적으로도 좌우가 대칭될 가능성이 높아보였으므로, 화면이 단조로워지지 않도록 중앙을 옆으로 밀어 좌측 부분의 비중을 조금 무겁게 잡았습니다.

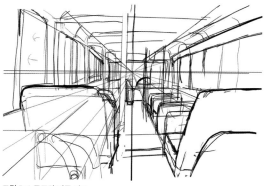 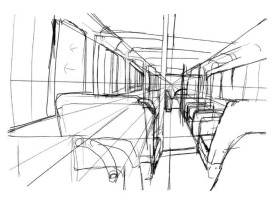

그림 B-1 구도와 비중 비교

원근감

앞에서 서술한 두 가지 작업을 하고 있으면 원근감도 어느 정도 결정될 것이라 생각합니다. 이것을 지침으로 하여 어떠한 원근감으로 할 것인지를 정해 갑니다. 이번 그림에서는 일점투시도법을 기준으로 한 상태에서 중심점을 약간 어긋나게 함으로써, 화면 밖에 또 하나의 소실점이 잡히도록 하여 꽤 넓은 이점투시도법으로 만들었습니다(최종적으로는 상하 원근도 추가하여 삼점투시도법을 만들었습니다). 눈높이도 과하게 드라마틱하지 않게, 또 단순히 위에서 내려다보는 느낌도 들지 않게 만들고 싶어서 일반적인 눈높이로 설정했습니다.

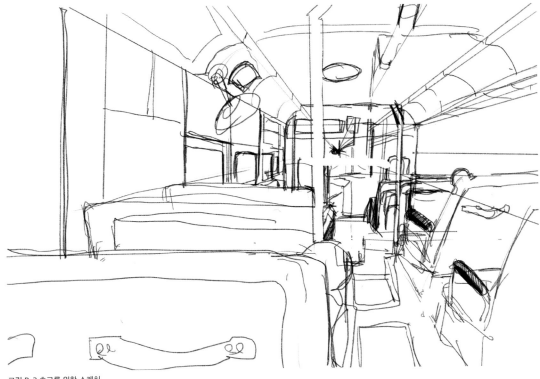

그림 B-2 초고를 위한 스케치

색

여기서 색의 방향성을 정합니다. 아날로그 방식으로 작업해도 좋지만 그리거나 지우거나 하는 시행착오를 하면서 진행하기 편리한 디지털 작업을 추천합니다. 이번에도 너무 정확하게 하려고 하지 말고 전체적으로 조금씩 손본다는 느낌으로 그립시다.

베이스색

처음에 그 그림 안에서 베이스가 될 "베이스색"을 정해 둡니다. 여기서 말하는 베이스색이란 공간에 걸치게 되는 '그레이'를 말합니다(「고유색」에 대해서는 Chapter 7 「빛·음영」에서 해설하고 있습니다). 이것은 실제의 그레이(=회색)가 아닌, 그림마다 독자적으로 정해져 있는 그 사람 고유의 '그레이'입니다. 이 독자적인 그레이를 바탕으로 다른 색을 설정해 감으로써 그림의 전체적인 색의 균형을 유지합니다.
이번에는 시안(Cyan)에 약간의 노랑이 섞인 색, RGB

로 말하면 블루와 약간의 그린을 사용하여 그레이에 해당하는 공간을 칠합니다.

그림 B-3 베이스 색(이번 그림에서 설정한 그레이)

색공간

설정한 그레이를 기준으로 잡고 상대적으로 색을 결정합니다. 이번 그림은 그레이로 설정한 색 때문에 전체적인 색이 파랑에 가까운 청록으로 치우쳐 있습니다. 그러므로 의자는 원래의 색보다 조금 녹색을 섞어서 칠하고, 손잡이의 오렌지도 마찬가지로 색을 바꾸었습니다. 또한 이 단계에서 하이라이트 부근의 색감과 섀도 부근의 색감을 설정합니다. 하이라이트는 깨끗한 흰색 빛으로 표현할 생각이라, 버스 내부의 형광등이 발산하는 스트레이트한 색감으로 인해 그 오브젝트 자체의 고유색이 나타난 (것처럼 보이는) 색감으

로 잡았습니다. 섀도는 녹색에 가까운 색감으로 잡았습니다.

이 과정에서 그림의 분위기가 결정됩니다. 실제로 현실과 똑같은 색 공간으로 하면 사진에 가까운 그림이 됩니다. 반대로 현실에는 있을 수 없을 것 같은 색을 베이스로 잡고 색의 변화를 크게 설정하면 환상적인 분위기, 극적인 분위기를 가진 독특한 그림이 됩니다. 이번에는 그 중간 어딘가의 차분한 분위기를 담아내고 싶었고, 또 단순하게 피콕 블루에 가까운 색이 마음에 들었기에 이렇게 색을 골랐습니다.

그림 B-4 컬러 러프

빛의 방향

광원도 함께 고려합니다. 이 단계에서 광원에서 나오는 빛을 묘사해 갑니다. 제대로 그리고 싶다면 각 대상별로 빛의 영향을 생각하여 색을 선택하고, 별로 큰 수고를 들이고 싶지 않다면 혼합 모드를 오버레이로 설

정한 레이어를 사용하여 명도 50% 회색보다 약간 밝은 색으로 그 위에서 광원의 빛이 닿는 부분을 그립니다. 광원을 고려해서 그리면 입체감이 생겨 다음 작업이 편해집니다.

워크 플로의 구축과 레퍼런스 수집

밑그림의 오브젝트 수와 복잡함에 따라 워크 플로가 갈리게 됩니다.

오브젝트 수·도구 선정

이번에는 원근선을 적용할 오브젝트가 여럿 있기에, 원근에 따른 직선을 그리기 쉬운 「Adobe Illustrator(이하 Illustrator)」를 사용합니다. 단순하게 시간을 줄이기 위해 사용하는 것이므로 이 과정은 생략해도 상관없습니다. 오브젝트 수가 적은 경우에는 초고를 그대로 Photoshop으로 가져가, 캔버스 사이즈를 설정하고

그 위에 직접 도트를 찍는 경우가 많습니다. 또한 오브젝트가 많은 경우라도 산만하게 배치돼 있는 경우에는 Illustrator에서 작업이 복잡해지기 때문에 그대로 Photoshop으로 가져갑니다.

레퍼런스

지금까지는 초고였으므로 생각하는 대로 그려왔지만, 여기서부터는 정확한 정보(자료)가 필요해집니다. 이번에는 버스의 구조와 사이즈감 등의 자료를 찾습니다. 조사하지 않고 그린다면 레퍼런스는 필요하지 않지만,

인공물의 경우 레퍼런스를 사용하지 않고 상상만으로 그리면 설득력이 떨어지기 쉬우므로 가능하면 찾아보도록 합니다.

찾아내는 요령

인터넷은 광대하기에 어느 정도는 필요한 정보가 있습니다. 「Pinterest」나 구글 이미지 검색 등을 사용하여 찾아봅시다. 이미지 자료가 없는 경우도 왕왕 있으므로, 레퍼런스가 꼭 필요한 경우라면 자신이 직접 촬영 또는 스케치를 하러 나갑니다. 저의 이번 그림은 나고야시 버스 내부가 모델이 되었기에 몇 번 정도 보러 갔습니다.

그림 B-5 버스 창문의 레퍼런스

그림 B-6 버스 에어컨의 레퍼런스

그림 B-7 버스 좌석과 벽의 경계선의 레퍼런스

그림 B-8 버스 좌석 뒷모습의 레퍼런스

오브젝트 도면

가능한 한 모든 방향에서의 이미지를 찾습니다. 이렇게 함으로써 오브젝트의 디테일과 그것이 어떤 식으로 그곳에 존재하고 있는지 알 수 있습니다. 색 정보는 그릴 때 재구축하게 되니 어느 정도 무시합니다.
그리고 도면이 있으면 매우 편리합니다. 사이즈감을 파악할 수 있고 Illustrator에서의 작업 등에도 사용할 수 있으므로 적극적으로 찾아 봅시다.

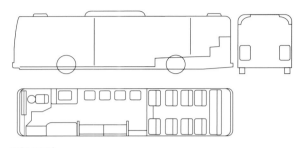

그림 B-9 도면

TIPS

「PureRef」는 레퍼런스, 소위 참고 이미지를 대량으로 정리해 두고 언제라도 볼 수 있는 애플리케이션입니다. 다양한 이미지를 한 자리에 모아두어 한 번에 볼 수 있기 때문에 이미지별로 뷰어를 열어보는 수고를 줄이고 그림을 그리는 데 집중할 수 있습니다. 찾기 쉬운 곳에 배치해 두면 편리합니다.

그림 B-10 PureRef의 화면

Illustrator

Illustrator를 사용하는 장점으로서는 Photoshop과 연계하여 Illustrator가 취급하는 벡터 이미지[1]를 안티에일리어스가 적용되지 않은 래스터 이미지[2]로 변환할 수 있다는 점이 있습니다.

*1 벡터(Vector) 이미지 ⋯ 좌표에 따라 구성된 이미지 형식. 확대축소로 이미지가 깨지지 않기 때문에 인쇄에 자주 쓰입니다.
*2 래스터(Raster) 이미지 ⋯ 픽셀로 구성된 이미지 형식. 사진이나 도트 그래픽은 기본적으로 래스터 화상으로 제작됩니다.

설정

대지(아트보드) 작성

우선 화면 사이즈를 설정합니다. 새로 문서를 작성하여 [색상 모드]를 [RGB], 대지 사이즈는 [폭] 480px, [높이] 270px로 설정합니다.

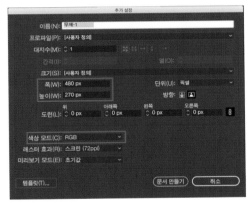

그림 B-11 Illustrator 문서 설정

픽셀 격자에 정렬 해제

대지를 만들고 나면 오른쪽 위에 있는 「픽셀 격자에 정렬」아이콘을 클릭하여 해당 기능을 끕니다. 「픽셀 격자에 정렬」아이콘이 표시되지 않는(바가 없는) 경우는 메뉴의 [윈도우]→[제어]에 체크를 하면 표시됩니다.

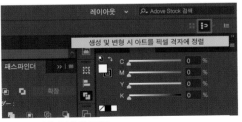

그림 B-12 픽셀 격자에 정렬 설정

격자에 물리기 해제

다음으로 메인 메뉴에서 [표시]→[격자에 물리기 해제]를 클릭하여 체크를 해제합니다.

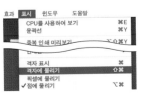

그림 B-13 격자에 물리기 해제

원근감 격자 도구

Illustrator의 원근감 격자는 원근법이 적용된 경치를 재현할 수 있는 도구입니다.

원근법 설정

우선 투시도법의 소실점을 몇 개로 할지 결정합니다. 이번에는 쉬운 작업을 우선하여 처음에는 일점투시도법으로 진행합니다, 그리고 후처리를 통해 이미지 전체를 변형시켜 화면 아래와 옆 방향에도 소실점을 설정, 최종적으로 완성된 그림은 삼점투시도법입니다. 메인 메뉴에서 [표시]→[원근감 격자]→[1점 투시]→[1P-표준 보기]를 선택합니다.

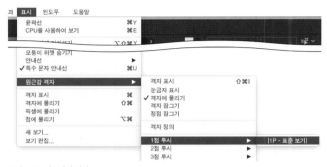

그림 B-14 원근법의 설정

소실점 배치

준비가 되면 신규 레이어를 작성하여 그림 초고를 대지에 배치합니다. 배치되면 레이어 이름 좌측에 있는 잠금 버튼을 눌러 레이어를 잠급니다.
[Shift]+[P]를 눌러 [원근감 격자 도구]을 표시하고, 초고에 맞춰 선을 조정하고 소실점을 설정합니다.

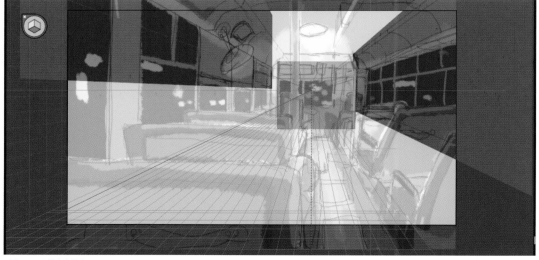

그림 B-15 소실점의 설정

오브젝트의 묘사

사용기능·도구 소개

오브젝트 묘사에 들어가기 전에 이 작업에서 사용하는 주요 기능과 도구을 먼저 소개하겠습니다. 또한 여기서 소개하는 사용법은 기본적으로 [원근감 격자 도구]를 사용한다고 가정하고 진행한 것입니다.

■ 사각형 도구, 타원 도구

[사각형 도구]와 [타원 도구]를 사용하여 오브젝트를 작성·배치(이동)할 수 있습니다.
[원근감 격자 도구]를 사용 중인 상태에서 [사각형 도구] 또는 [타원형 도구]를 선택하여 [Command(Ctrl)] 키[1]를 누른 상태에서 이동시키면 원근감을 유지한 채로 이동시킬 수 있습니다. [선택 도구]와 [다이렉트 선택 도구]의 경우는 원근감이 유지되지 않고 그대로 형태를 이동시키니 주의합시다. 또한 [원근감 격자 도구]로 [5]키를 누른 상태에서 이동시키면 화면 가까이 또는 멀리, 즉 수직 방향으로 (평행하게) 이동시킬 수 있습니다.

*1 키보드 표기에 대하여...이번 작업 과정은 macOS용을 기준으로 해설하였습니다. 윈도우를 사용하는 분은 「Command」를 「Ctrl」로, 「Option」을 「Alt」로 각각 변환하여 읽으시기 바랍니다.

■ 잠금과 표시/비표시

사용하지 않는 레이어나 오브젝트는 잠금과 표시/비표시를 변환함으로써 각각의 오브젝트를 한 개씩을 확인하면서 작업할 수 있습니다. 또한 의식하지 못한 실수를 줄일 수도 있으므로 적극적으로 사용합시다.

·[Command(Ctrl)]+[3] : 오브젝트를 비표시
·[Option(Alt)]+[Command(Ctrl)]+[3] : 비표시 오브젝트를 표시
·[Command(Ctrl)]+[2] : 오브젝트 고정
·[Option(Alt)]+[Command(Ctrl)]+[2] : 오브젝트 고정 해제

■ 복사/붙이기

복사/붙이기는 다양한 상황에서 사용하지만, [앞에 붙이기]와 [뒤에 붙이기]는 오브젝트를 복사하여 이동하는 경우 등에 활용할 수 있습니다.

·[Command(Ctrl)]+[C] : 선택한 오브젝트 복사
·[Command(Ctrl)]+[V] : 선택한 오브젝트 붙이기
·[Command(Ctrl)]+[F] : 선택한 오브젝트를 같은 위치 앞쪽에 붙이기
·[Command(Ctrl)]+[B] : 선택한 오브젝트를 같은 위치 뒤쪽에 붙이기

오브젝트의 묘사·색 나누기

그러면 실제로 오브젝트를 묘사해 봅시다. 이 작업의 포인트는, 각 오브젝트 또는 레이아웃별로(근경, 중경, 원경과 같은 위치 관계나 면 단위로) 레이어와 그룹을 나누어 작업하는 것입니다.

우선은 오브젝트를 「빛이 닿는 면」, 「그림자가 지는 면」, 「그 중간의 면」, 이렇게 세 가지로 나누어 그립니다. 기본적으로는 「원근감 격자 도구」, 「사각형 도구」, 「타원형 도구」을 사용합니다. 이러한 도구를 선택한 상태에서 [1]~[4] 키를 누르면 그림을 그리는 면이 바뀌므로 유용하게 활용해봅시다.

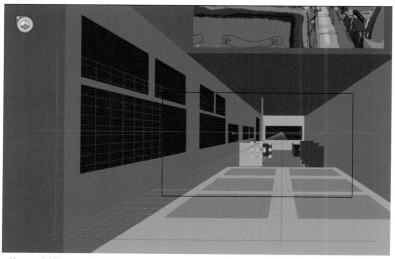

그림 B-16 사각형 도구를 사용한 오브젝트의 작성·배치

오브젝트를 작성·배치하면서 광원과 반사된 광원을 고려해 색을 선택하여 입체감을 냅니다. 이번 그림에서는 광원이 버스 천장 곳곳에 배치되어 있으므로, 오브젝트별로 이 빛을 각각 어떻게 받고 있을지 생각하며 배치합니다. 또한 같은 형태의 오브젝트는 나중에 복사할 수 있으므로 우선은 한 개만 만듭니다. 광원에 대해서는 Chapter 7 「빛·음영」을 참고해 주십시오.

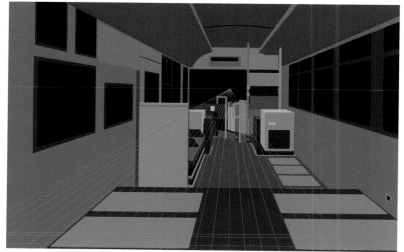

그림 B-17 광원을 고려한 색 구분

POINT

만약 자료 중에 도면(삼면도 등)이 있는 경우에는 [원근감 격자 도구]를 사용하지 말고 그대로 [펜 도구]와 [사각형 도구]등을 사용하여 그림으로 옮깁니다. 그리고 그것을 [Command]+[G]로 그룹화한 후에 [원근감 격자 도구]를 이용하여 입체면에 배치합니다. 이렇게 하면 사물의 대비(크기 비율)가 정확해 묘사가 리얼해집니다.

도면이 없는 경우에는 오브젝트를 하나 골라 사이즈를 스스로 정하고, 그것을 기준으로 다른 오브젝트의 사이즈를 결정합시다.

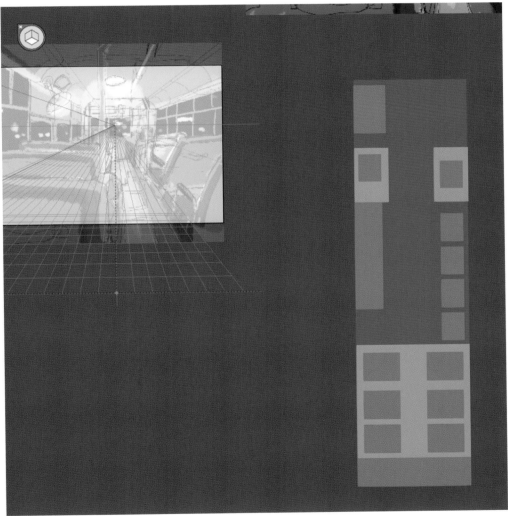

그림 B-18 도면을 바탕으로 그린 버스 내부

복제

같은 형상의 오브젝트의 경우는 복제 기능을 사용하는 것이 효율적입니다. [원근감 격자 도구], [사각형 도구]를 선택한 상태에서 [Command]+[Option]키를 누른 다음 이동시키면 그대로 복제됩니다. 또한 [5]키도 함께 누르고 이동시키면 개체를 수직 방향으로 복제할 수 있습니다. 또한 오브젝트가 무수하게 같은 간격으로 있는 경우에는 [Command]+[D]키로 직전에 했던 작업을 반복하는 것이 가능합니다.

이러한 기능을 사용하여 오브젝트를 복제합니다. 좌석 형태 등은 거의 동일하기에 유용하게 활용할 수 있습니다.

그림 B-19 좌석 복제

현재의 일점투시도법 상태로는 구도의 움직임이 없고 그림으로서의 리얼함이 부족하니, 처음에 예정했던 대로 변형 기능을 사용하여 세로 원근감과 가로 원근감을 적용, 소실점을 추가합니다.

[선택 도구]로 모든 오브젝트를 선택하고 [자유 변형 도구]로 밸런스를 보면서 테두리 상자의 끝(핸들)을 [Command]키를 누른 상태로 드래그하여 변형시킵니다.

그림 B-20 자유 변형 도구를 이용한 변형

POINT

[원근감 격자 도구]를 사용하면 면은 소실점에 가까워짐에 따라 작아지지만, 선은 같은 두께를 유지한다는 특성이 있습니다. 이 특성을 바탕으로 상황에 맞추어 선과 면을 효과적으로 사용할 필요가 있습니다.

예를 들면 면은 멀어지거나 가까워짐에 따라 사이즈가 바뀌므로 섬세한 묘사에 잘 맞지만, 화면 안쪽(화면에서 먼 쪽) 방향에 배치된 작은 면은 Photoshop으로 옮겼을 때 찌그러져서 보이지 않게 될 가능성이 높으므로 주의가 필요합니다.

한편 선은 Illustrator에서 1px 포인트로 설정한 경우 Photoshop으로 옮겼을 때 소실점에 아무리 가까워도 그대로 1px 두께의 선이 되므로, 면이라면 지나치게 작아 사라지게 되는 오브젝트의 선 등에 사용하면 효과적입니다. 그렇지만 앞에서 서술한 바와 같이 수직으로 이동시켜도 선의 두께가 바뀌지 않으므로 화면 앞쪽(화면에 가까운 쪽)의 오브젝트 등에 사용하면 사이즈 감이 달라지며, 소실점 가까운 곳에 위치한 복잡한 오브젝트를 선으로 구성하면 Photoshop으로 옮겼을 때 선끼리 겹쳐 그림이 찌그러지게 됩니다.

Photoshop용 파일 출력(내보내기)

레이어 나누기

레이어 나누기는 기본적으로는 작업 중에 병행하여 실행하지만, Photoshop으로 옮기기 전에 한 번 더 레이어를 새로 분류합니다. 이것은 Photoshop으로 옮긴 후의 작업 난이도에 영향을 줍니다. 구체적으로 말하자면 레이어 양을 자기가 관리하기 쉬운 양으로 해두는 것이 중요합니다. 지나치게 세세히 나누어 두면 관리가 어려우므로 여러 개의 오브젝트를 하나로 묶어서 레이어를 나눠 두면 좋습니다.

또한 Photoshop으로 옮겼을 때 Illustrator 상에서 표시되지 않은 것은 옮겨지지 않으므로, 레이어 표시/비표시나 [Command]+3 등을 사용하여 이미지를 정리합니다.

정리가 끝나면 마지막으로 표시 레이어 맨 위(가장 앞)에 새로운 레이어를 만들어 대지와 동일한 크기로 만든 사각형을 배치합니다. 이 사각형이 Photoshop에서의 캔버스 사이즈가 됩니다.

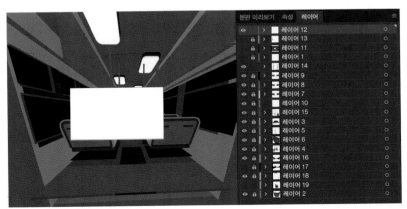

그림 B-21 레이어 구분과 사각형 배치

출력(내보내기)

레이어 분류와 직사각형 배치가 끝나면 Photoshop으로 보내는 작업에 들어갑니다.

메인 메뉴의 [파일]→[내보내기]→[내보내기 형식]을 선택합니다. 팝업 메뉴가 표시되면 파일명을 적당히 입력하고 파일 형식 중 「Photoshop(.psd)」를 선택, 저장(또는 내보내기) 버튼을 누릅니다.

그림 B-22 내보내기 팝업 메뉴

표시된 내보내기 옵션에서 [색상 모델]은 RGB, 앤티 앨리어싱은 [없음]을 선택하고 프로파일은 그대로 하여 내보냅니다. 이제 이 파일이 도트 그래픽의 토대가 됩니다.

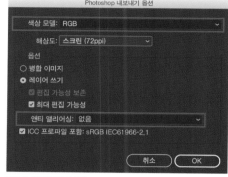

그림 B-23 내보내기 옵션

Photoshop

Illustrator에서 만든 PSD 파일을 Photoshop에서 엽니다.

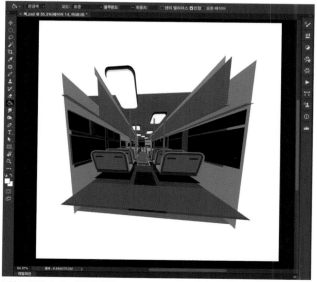

그림 B-24 Photoshop에서 연 상태

설정

사전설정 · 작업 중 설정

[Command]+[K]로 환경 설정을 열어 [도구] 항목의 [오버 스크롤]에 체크를 합니다. 그리고 메인 메뉴의 [보기]→[표시]→[픽셀 격자]를 클릭하여 체크를 해제합니다.

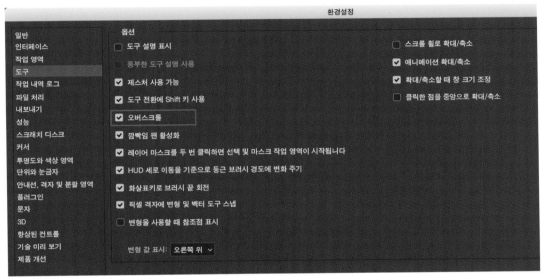

그림 B-25 Photoshop 환경설정

또한 작업 중(도구 사용 시 등)빈번하게 나오는 [앤티 앨리어스(안티에일리어스)]의 체크 박스를 모두 해제해 주십시오.

그림 B-26 앤티 앨리어스(안티에일리어스)

변형 또는 내보내기를 할 때 이미지의 리샘플링 방식은 [최단입점]으로 설정해 주십시오.

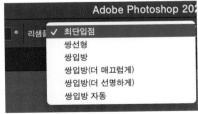

그림 B-27 리샘플링 방식 설정

세부 묘사를 위한 설정

Illustrator에서 작업할 때 파일을 옮기기 전에 만든 사각형 레이어를 선택하여 [자동 선택 도구]로 오브젝트의 바깥쪽을 선택 범위로 지정합니다.

다음으로 신규 레이어를 만들어 선택한 범위를 [페인트 통 도구]를 이용해 회색으로 칠합니다. 이렇게 함으로써 범위 밖(캔버스의 바깥)을 마스크하여 보이지 않게 할 수 있으며, 동시에 범위 밖의 모습도 미리 그려두었기 때문에 캔버스 사이즈를 변경하거나 트리밍

할 때 문제없이 진행할 수 있습니다.

또한 최종적인 캔버스 사이즈를 알기 쉽도록 신규 레이어를 만들어 빨간 틀을 씌웁니다. 더해서 열어둔 PSD파일은 오브젝트별로 그룹화되어 있는데, 나눌 필요가 없는 것들은 그룹을 래스터화하여 하나의 레이어로 합쳐줍니다.

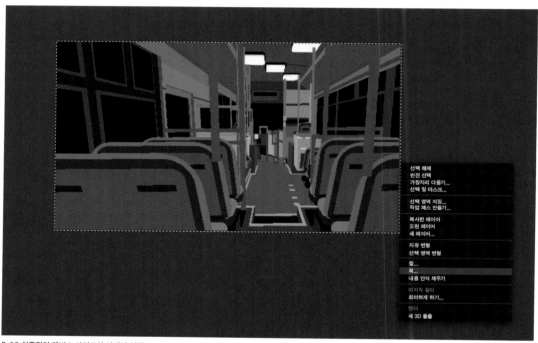

B-28 최종적인 캔버스 사이즈와 안내선 설정

색 조정

여기서 [페인트 통 도구]과 각종 [조정 레이어]를 사용하여 색을 정리합니다. 여기에서의 색은 완성에 영향을 주기 때문에 공을 들일 필요가 있습니다.

[메인 메뉴]에서 [창]→[조정]을 선택해 조정 레이어 창을 띄우고 조정 레이어를 선택합니다. [명도/대비], [레벨], [색조/채도], [색상 검색] 등을 사용하여 스스

로 만족할 수 있을 때까지 조정합니다. 충분히 조정이 끝나면 조정 레이어를 복사하여 각 레이어별로 개별적으로 결합시킵니다(레이어 수와 같은 수만큼 조정 레이어를 복사해야 합니다). 조정한 결과를 확정적으로 반영시키기 위해서입니다.

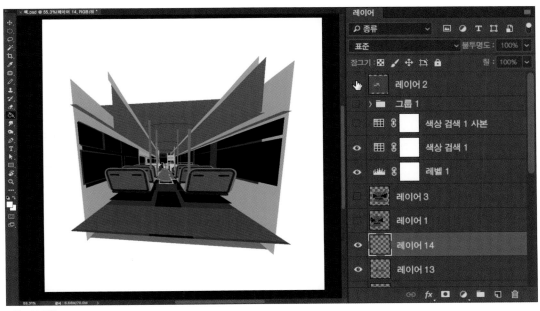

그림 B-29 조정

펜 도구로 소실점 지정

[펜 도구]로 디테일과 그림자를 그리는 데 사용할 소실점을 설정합니다. 그림 속 원근법이 적용된 선에 맞추어 펜 도구로 선을 긋고 소실점을 도출합니다.

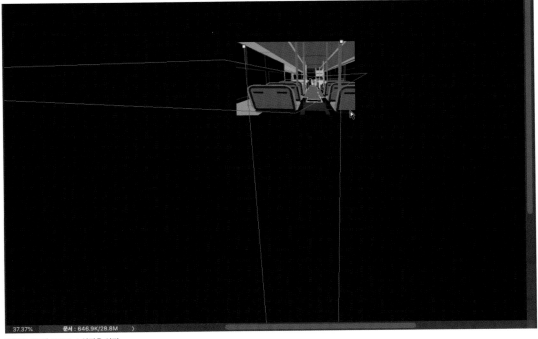

그림 B-30 펜 도구로 소실점을 설정

세부 묘사

이제부터 도트 그래픽 작업에 들어갑니다. 세부 묘사는 어디서부터 시작해도 상관없으나, 대체적으로 중요한 오브젝트를 먼저 작업하면 밸런스적으로 유리한 경향이 있습니다. 이번에는 캐릭터는 나중에 그리겠습니다. 도구는 [연필 도구] 1px 브러시를 사용합니다. [지우개 도구]도 위쪽 메뉴에서 모드를 연필로 설정해둡니다.

세부 묘사 단계에 들어가면 러프부터 디테일 세부 묘사까지 작업 순서가 뒤섞이게 됩니다. 실제 작업에서는 반드시 순서에 맞추어 진행하지는 않습니다. 디테일 묘사에 한참을 몰두하다가 문득 작업을 멈추고 다시 새로운 오브젝트의 러프에 들어가는 식의 일들이 계속 벌어집니다.

러프 그리기

Illustrator에서 그리지 않았던 창문의 디테일을 Photoshop에서 그립니다. 광고의 위치 등도 이 시점에서 정합니다.
직선은 [Shift]키를 누른 상태에서 선의 양 끝 지점을

클릭하면 깔끔하게 그어집니다. 여기에서 작도 방법은 해설하지 않겠으나 오브젝트에 따라 오분할법, 등분할법 등 적합한 방법이 있으니, 그러한 작도 방법에 따라 창문 부분의 라인을 그립니다.

그림 B-31 러프 그리기 : 왼쪽 창 부근

그림 B-32 러프 그리기 : 분할선

부족한 부분 채우기

하차 버튼과 손잡이 등, 이 단계에서 눈에 띄는 사물들을 그려놓습니다. 수집한 레퍼런스를 참고로 하여 그립니다. 중간색의 연필로 실루엣을 잡고 하이라이트와 섀도를 넣는 식으로 그려가면 입체감과 디테일을 표현할 수 있습니다. 이 단계에서 베이스 그림에도 오브젝트의 반사광 등을 고려하여 색을 넣습니다.

그림 B-33 오브젝트 추가 : 거울

그림 B-34 오브젝트 추가 : 위쪽 손잡이

단순화, 도트 그래픽

화면에서 먼 안쪽 오브젝트의 디테일은 도트 그래픽
으로는 재현하는 데 한계가 있으므로 단순화 작업을
합니다. 단색으로 표현할 수 있는 것은 가능한 단색으
로 표현합니다. 그러나 입체감만은 살리고 싶어서 그
와 관련된 부분의 표현에는 색을 넣어줍니다.
안쪽의 글자라던가 줄 등은 표현을 최대한 줄입니다.
도트 그래픽적인 깨끗한 라인을 지향하여 점을 찍습
니다. 안쪽 디테일 부분은 점차 심플하게 변해가므로
고전적인 도트 그래픽의 표현 방법을 활용할 수 있는
부분이기도 합니다. 점근화를 잘 사용하면 좀 더 매력
적으로 표현할 수 있습니다.

그림 B-35 안쪽 부분 묘사

오브젝트의 디테일

오브젝트별로 소재를 고려하여 입체감을 냅니다. 넓
고 부드러운 곡면은 색을 세세하게 나눕니다. 이번에
는 타일 패턴을 별로 쓰고 싶지 않아 가능한 한 그림에
칠한 색의 변화로 빛에서 그림자로 이어지는 일련의
모습을 표현하고자 했으나, 그러기 어렵겠다 싶은 곳
에는 그냥 마음 편하게 사용해줬습니다.

그림 B-36 타일 패턴 추가

■ 광원을 고려한 음영 묘사

광원을 고려하여 음영을 추가합니다. 이번에는 여러 개의 형광등에 의한 선광원이 면광원을 만들고 있으므로, 확
실한 명암차를 내지 않는 느낌의 색을 골랐습니다.

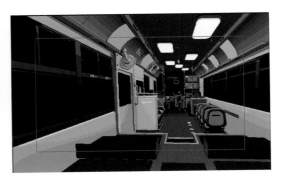

그림 B-37 음영의 유무 비교

■ 하이라이트

오브젝트를 구성하는 면 중에서 광원에 가장 가까운
부분이나 곡면 등, 상대적으로 빛을 더 많이 받는 면
은 광원을 제외하면 가장 밝은 곳이 됩니다. 여기에 채
도와 명도가 높은 색(최대는 흰색)을 배치합니다. 오
브젝트의 소재에 따라 하이라이트가 들어가는 모양이
다르다는 것을 고려해서 그립니다.

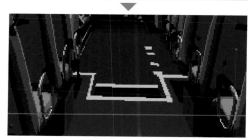

그림 B-38 좌석의 손잡이 부분 그리기(하이라이트와 표면 반사)

■ 그림자의 확산

여러 개의 면광원에 의해 빛이 확산되기 때문에 각종
그림자 부분의 경계선을 흐릿하게 처리했습니다. 빛
을 받는 면과 그림자 면의 색상에 차이를 주면 그림이
주는 자극도 그만큼 풍부해지기에 약간 색상이 다른
색을 배치했습니다.

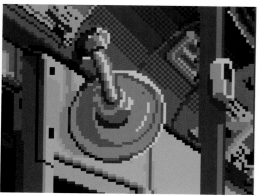

그림 B-39 거울이 만드는 그림자의 묘사

그림 B-40 좌석 손잡이의 그림자 묘사

캐릭터

■ 설정

캐릭터 설정에 대해서는 미리 준비하지 않았기에 이 단계에서 설정을 생각했습니다. 캐릭터는 여자로 헤드폰을 끼고 있고 자신의 세계에 잠겨 있는 상황으로 설정하였습니다. 또한 막차로 귀가하는 도중인 피곤에 지쳐 있는 혼자 사는 여성이라는 느낌으로 생각해 봤습니다.

저의 경우 보통 아무것도 생각하지 않고 진행하면 거리에서 흔히 볼 수 있는 모습에 가깝게 그려지는데, 이번 캐릭터도 그렇게 되었습니다. 헤드폰은 개인적인 취향에 따라 HD25로 하였습니다.

■ 러프 스케치

화면의 구성을 곱씹어보며 캐릭터가 앉을 자리를 고려해보고, 캐릭터가 원근감에 맞게 자리잡을 수 있도록 참고선과 의자 좌면을 러프하게 그렸습니다.

그림 B-41 캐릭터 묘사 : 배치 장소 검토

마음에 드는 결과가 나올 때까지 캐릭터의 아웃라인을 계속 바꿔봅니다. 구체적으로는 선을 그었다 지우기를 수 없이 반복하면서 아웃라인을 만들어 갑니다.

그림 B-42 캐릭터 묘사 : 러프

어느 정도 아웃라인이 명확해지면 2~3px 굵기의 [연필 도구]로 색의 덩어리를 만듭니다. 주변 빛의 영향을 받아 색이 변화한 상태일 것이라는 점도 함께 고려하여 색을 고릅니다.

그림 B-43 캐릭터 묘사 : 채색

■ 디테일

얼굴 중심으로 그려갑니다. 이번에는 얼굴과 어깨밖에 보이지 않으므로 눈과 시선을 의식하여 디테일을 묘사합니다. 시선은 앞을 너무 똑바로 바라보면 유도력이 지나치게 높아지므로, 눈빛이 멍해 보이도록 신경을 썼습니다.

그림 B-44 캐릭터 묘사 : 디테일 추가

■ 소품 추가

소품을 추가합니다. 몸에 지니고 있는 물건은 캐릭터의 성격과 특징을 나타내므로 신경을 써서 자세하게 표현합니다. 이번에는 머리의 헤드폰과 손에 든 스마트폰을 추가했습니다.

그림 B-45 캐릭터 묘사 : 소품 추가

반사 처리

창문과 바닥에 반사된 모습을 묘사합니다. 바닥면은 반사되는 성질이 어느 정도 있기는 하지만, 기본적으로는 표면이 거칠기 때문에 거울처럼 비춰지지는 않습니다. 레이어 마스크를 사용한 타일 패턴으로 반사된 부분과 반사되지 않은 부분을 모자이크 형태로 그

려 넣어 비슷하게 표현합니다.
창에 반사된 모습은 [오버레이]를 적용한 신규 레이어에 새로 그려넣습니다. 좌석과 같이 형태가 동일한 오브젝트는 복제한 후 약간만 수정하여 배치하는 방법을 사용하고 있습니다.

그림 B-46 창문과 바닥의 반사

글로(Glow) 효과

전체적으로 약간 흐린 빛 느낌을 내고 싶으니 눈에 보이는 형태로 빛(글로 효과)을 그립니다.
처음에 만든 캔버스 사이즈의 가이드 레이어 아래에 신규 레이어를 만들고 [(혼합) 모드]를 [오버레이]로

설정합니다. 그리고 큰 브러시로 [명도] 50%~70%의 색을 사용하여 광원 주변과 일차 반사면 부분에 빛을 그립니다.

그림 B-47 빛(글로 효과) 추가

마무리

마지막으로 실수가 없는지 검토합니다. 불필요한 선이나 지우지 않고 남겨둔 곳 등의 실수가 있는 경우가 많으므로 이러한 실수들을 지우고, 또 반대로 덜 그린 부분은 없는지 확인합니다.

그런 곳들이 없다고 생각되면 마지막으로 조정 레이어로 색을 조절하면서 최종 확인을 합니다. 계속 같은 그림을 보면 그림에 대한 감각이 떨어지게 되니, 이 즈음에 한 번 감각을 리셋시키고 처음부터 다시 검토해 봅니다. 조정 레이어로 색을 바꾸면 으레 더 나아 보이지만 원래의 색이 더 나은 경우도 있으므로 주의를 기울여 판단해 봅시다.

그림에 만족이 되면 완성입니다.

출력(내보내기)

[자르기 도구]를 사용하여 처음에 설정한 캔버스 가이드에 사이즈를 맞춰 잘라냅니다.

메인 메뉴에서 [파일]→[내보내기]→[웹용으로 저장]을 선택합니다.

윈도우 설정 항목에서 PNG 또는 GIF(애니메이션의 경우 GIF)를 선택했다면 [색상][1]을 256으로 설정하고 품질을 [최단입점]으로 하여 [저장] 버튼을 누릅니다.

그러면 출력이 완료됩니다. 출력에 대한 자세한 사항은 「제작 과정 APO+」의 「출력(내보내기)」(PAGE:130)을 참고하시기 바랍니다.

*1 [PNG-8] 또는 [GIF]인 경우에만 색상 설정 항목이 표시됩니다.

READING   HINT

ULTIMATE PIXEL CREW REPORT

MAKING	

Title:	# 제작과정 세타모

MAKING:SETAMO

TOOL:CLIP STUDIO PAINT

구상

아이디어 내기

그림을 그리기 시작하는 최초 단계는 그리고 싶은 것을 죽 늘어놓고 이것저것 꼽아보는 것에서 시작됩니다. 그리고 싶은 것에 대한 착상을 얻는 수단은 사람에 따라 다다르지만, 저는 일상생활의 소소한 일이나, 저의 이상적 인 방을 망상할 때, 또는 최근 영향을 받은 작품 등에서 착상을 얻는 경우가 많습니다. 그런 것들이 언뜻 떠올랐을 때에 어딘가에 간단히 메모를 해두면 나중에 그 요소를 사용하여 아이디어를 부풀리는 데에 도움이 됩니다.

아이디어 부풀리기

아이디어를 부풀리는 작업에는 다양한 접근 방법이 있으며, 그림에 따라 각기 패턴이 다릅니다. 여기에서는 제가 자주 사용하는 방법 두 가지 소개하겠습니다.

그리고 싶은 모티브

우선 그리고 싶은 모티브를 먼저 정하는 패턴입니다. 예를 들면 수조가 있는 그림을 그리고 싶다고 생각할 경우, 수조를 주역으로 어떻게 화면을 매력적으로 연출할지를 생각합니다.

주역의 모티브가 보는 사람에게 어떻게 전달되는지를 생각하고, 주변의 모티브나 조명 등도 동시에 결정합니다. 이와 같이 주역이 되는 모티브와 주변의 모티브가 전달하려고 하는 분위기에 맞는지 어떤지 시험해보며 만들어 나가는 경우가 많습니다.

또한 실제 제작에 들어갔을 때도 주역의 모티브를 매력적으로 그리고 있는지 항상 의식적으로 살핍니다. 그리고 다른 모티브(바닥에 비친 모습이나 창문에서 들어와 실내로 반사되는 빛 등)도 각각의 매력을 표현하고 있는지 주의를 기울이며 화면을 만들어 나갑니다.

그리고 싶은 상황

다음은 그리고 싶은 상황을 우선하여 결정하는 패턴으로, 저는 주로 캐릭터가 중요한 역할을 담당하는 경우일 때 자주 사용합니다.

우선 캐릭터가 "무엇을 하고 있는지"에 대한 상황을 결정하고, 그에 맞춰 캐릭터의 배경이나 성격 같은 인물상을 대략적으로 설정하여 그리려고 하는 모티브와 연결점이 만들어질 때까지 깊이 파고 들어갑니다. 그 후 그렇게 설정한 캐릭터와 주변의 모티브가, 캐릭터의 배경 설정과 지금 겪고 있는 상황을 보는 사람에게 전달할 수 있는지 계속 생각하면서 화면을 만들어 갑니다.

이번 그림은 상황부터 정하는 방법을 기초로 구상을 짜냈습니다.

참고자료 찾기

그림 전체의 테마와 방향성이 정해지면 필요하다 싶은 자료를 수집하는 단계입니다. 캐릭터가 들어있는 그림이라면 캐릭터 디자인에 사용하기 위한 자료로 머리카락이나 복장 등, 캐릭터의 외견과 관련된 참고 자료를 수집합니다. 알지 못하는 모티브를 알지 못하는 상황대로 그려버리면 아무래도 설득력이 떨어지는 그림이 되므로, 가능한 한 구체적인 모티브까지 생각해 두는 것이 설득력의 향상과 이후 작업(특히 밑그림 등)의 효율화로 이어집니다.

구상 확인

구상 작업이 충분히 진행되어 완성된 모습을 어느 정도 상상할 수 있는 시점까지 오면 일단 그림에서 잠시 멀어졌다가 시간을 두고 다시 한 번 새롭게 검토하는 작업에 들어갑니다.

이 작업에서는 우선 그리고자 하는 그림의 분위기와 닮아 있는 그림과 사진을 찾습니다. 그리고 수집한 참고

자료를 바탕으로 자신의 구상을 다시 한 번 가다듬으면 보다 테마에 가까운 것을 만들 수 있으니, 여유가 있을 때는 만족할 수 있을 때까지 이 작업을 반복합니다.

이렇게 하여 큰 테마부터 세세한 설정까지 잡아두면 무엇을 어떻게 그릴지 명확해집니다.

이번 그림의 구상

이번 그림은 여자 아이가 역 앞에서 누군가를 기다리고 있는 것처럼 보이는 상황을 목표로 삼았습니다. 시간대로는 해질녘이 되기 직전의 미묘한 빛을 매력적으로 그려보고 싶다는 생각이 들었기에, 아침이나 낮이 아닌 저녁 시간대를 일부러 선택했습니다. 또한 구상 단계에서는 여자아이가 여행을 갔다가 집으로 돌아오는 길인 상황을 그림으로 만드려고 했으나, 나중에 구도와 포즈 등을 감안해 사람을 기다리고 있는 것으로 변경했습니다.

대략적인 구상은 이와 같이 결정했으니, 다음은 참고 자료를 준비합니다. 이번에는 해질녘이 되기 전의 사진 등을 이미지 검색과 SNS를 활용해 수집하는 한편,

사진을 찍으러 실제로 직접 나가기도 했습니다. 배경의 거리도 구글 스트리트 뷰를 활용하여 다양한 장소를 둘러보고 어떤 이미지로 할지 대략적으로나마 구체화시켰습니다.

가장 좋은 방법은 자신이 직접 그 장소를 취재하러 가는 것이지만 해외 등 실제로 가 보는 것이 어려운 경우에는 구글 스트리트 뷰가 매우 유용합니다. 이렇게 하여 거리의 대략적인 이미지가 결정되면 이번에는 실제 빌딩 이미지 등을 수집하여 역 앞의 모습이나 빛이 주는 인상 등 세밀한 부분까지 이미지를 구체화시킵니다.

CLIP STUDIO PAINT 설정

그림 구상이 구체적인 이미지까지 진행되었으면 디지털 작업으로 넘어갑니다. 이번에는 CLIP STUDIO PAINT를 사용하였지만 작업 자체의 흐름은 어떤 프로그램을 쓰건 기본적으로 동일합니다.

사이즈

CLIP STUDIO PAINT에서 새로운 캔버스를 작성합니다. CLIP STUDIO PAINT를 열어 왼쪽 위의 [파일]→[신규]에서 신규 캠퍼스를 작성하는 창을 엽니다. 이번에는 A4 사이즈의 화면비율로 폭을 4093px, 높이는 2894px로 설정하였습니다.

4093×2894px라는 캔버스 사이즈는 도트 그래픽을 그리기에는 지나치게 큰 해상도이지만, 저의 경우 처음에는 높은 해상도의 캔버스에 스케치를 하고, 나중에 해상도를 낮추어 도트 그래픽을 만드는 스타일로 제작하고 있습니다.

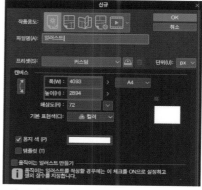

그림 C-1 캔버스 설정

TIPS

이번 작례는 정지된 그림을 생각하고 진행하였는데, CLIP STUDIO PAINT의 사양 문제로 도트 그래픽 애니메이션을 제작하여 미리보기를 하면 72dpi보다 높은 수치로 설정했을 경우 세세한 부분이 흐릿해져 버리는 현상이 일어납니다. 이 때문에 보통 제가 도트 그래픽을 그릴 때는 기본적으로 해상도를 72dpi로 설정하고 있습니다. 단, dpi는 상대해상도이므로 실제로 인쇄하지 않는 이번 경우에는 이 수치가 최종적으로 출력하는 데 영향을 주지는 않습니다.

단축키

제가 평소 자주 사용하고 있는 단축키를 몇 가지 소개하겠습니다.

좌우반전

그림 제작 중에 가장 많이 사용하는 기능이 바로 [좌우반전] 기능으로, [표시]→[회전·반전]→[좌우반전]을 누르면 사용할 수 있습니다.

이것은 캔버스에 그려져 있는 오브젝트와 레이어를 실제로 반전시키는 것이 아니라, 보이는 모습만 좌우 반전시켜주는 기능입니다. 이 때문에 CPU에 주는 부담도 적고, 그리기와 반전을 반복하는 확인 작업도 스무스하게 진행할 수 있습니다.

저는 이 기능을 자주 사용하기에 키보드 [3] 키에 등록해 두고 바로 불러올 수 있도록 하고 있습니다.

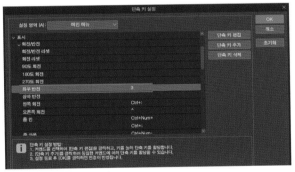

그림 C-2 [좌우반전] 단축키 설정

레이어 선택

다음으로 자주 사용하는 것이 [레이어 선택] 기능입니다. 이 기능은 도구바의 [오브젝트]에서 사용할 수 있지만, 매번 도구를 변경하는 수고가 들기 때문에 저는 수식 키를 사용하고 있습니다. 이것도 단축키와 비슷한 기능이지만 키를 누르고 있을 때만 바뀌므로 조작하는 수고를 덜 수 있어 편리합니다.

저는 [Alt]+[Space]로 레이어 선택을 할 수 있게 해두었습니다. 이제 이 키를 누르면서 캔버스를 클릭하면 그 장소에 있는 레이어를 선택할 수 있습니다.

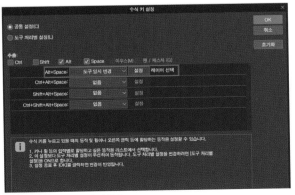

그림 C-3 [레이어 선택] 수식 키 설정

스포이트

또 하나 자주 사용하는 수식 키는 [스포이트]입니다. 캔버스 위에 커서를 맞추고 우클릭을 하면, 거기에 칠해진 색을 사용할 수가 있습니다. 이것도 수식 키를 설정하여 우클릭했을 때에만 스포이트로 변경됩니다. 이렇게 하면 도구를 바꾸는 수고와 팔레트에서 일일이 색을 찾는 수고를 덜 수 있으므로 매우 편리한 기능입니다.

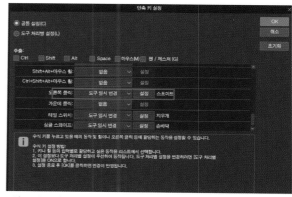

그림 C-4 [스포이트] 수식키 설정

러프·밑그림

이렇게 하여 캔버스를 만들었다면 실제로 러프 그리기를 시작해야 합니다만, 테마에 따라서는 그 전에 캔버스 위에다 중요한 내용을 문자로 적어두기도 합니다. 어려운 테마이거나 그림에 포함된 정보가 많은 경우에는 가능한 한 상세하게 메모를 하고 반복확인을 하면서 작업을 진행하면, 차근차근 정리해나가는 식으로 화면을 구성할 수 있습니다.

다만, 이번 테마에서는 설정(캐릭터의 배경 스토리나 세계관 등) 부분보다도 화면의 색과 빛의 아름다움, 해질녘 직전의 독특한 분위기를 중점적으로 표현하고 싶다고 생각했으므로 메모는 필요하지 않았습니다.

구도 러프

처음에는 러프 스케치를 그려서 전체적인 화면을 구성합니다. 이번 그림은 캐릭터를 한가운데에 배치한 대칭 구조로 하고, 장면은 역 앞의 입체 통로에서 바라보는 모습으로 했습니다. 화면 앞쪽의 경치는 어둡게 함으로써 캐릭터 등의 실루엣을 보여주고, 안쪽의 원경은 빛을 받고 있는 모습으로 했습니다. 명확한 실루엣으로 근경과 원경을 나눔으로써 모티브를 보기 쉽게 하고, 화면이 산만해지지 않도록 구성했습니다.

분위기도 저녁 무렵 빛이 빨간색을 띄기 직전 시간대에 느껴질 법한 약간 쓸쓸한 느낌을 표현하기 위해 캐릭터 주변을 어둡게 만듭니다. 이렇게 함으로써 캐릭터의 분위기에 약간의 그늘이 생기고, 밝지만은 않은 어떤 쓸쓸함이 표현됩니다.

또한 일점투시법의 소실점을 캐릭터 위치에 맞추어 시선이 유도되기 쉽게 하였습니다. 이 그림에서는 근경에 입체감을 주고, 원경의 빌딩은 약간 무미건조한 느낌으로 처리해 캐릭터를 강조하고 있습니다. 그리고 일점투시도법을 사용하면 도트 그래픽과 궁합이 좋은 수평선과 수직선이 많아져, 이점투시도법이나 삼점투시도법에 비해 그리기 쉬워진다는 장점도 있습니다.

눈높이도 화면 중앙 가까이에 맞춰져 있으므로 매우 안정되고 정적인 구조입니다. 앞에서 서술한 바와 같이, 이것은 조용하게 시간이 흐르고 있는 쓸쓸한 분위기를 내기 위한 선택이었습니다. 이와 같이 표현하고 싶은 내용에 따라 눈높이를 변경하는 방법을 저는 평소에도 자주 사용합니다. 예를 들면 넓은 공간이나 무언가의 크기를 강조하고 싶은 경우에는 눈높이를 낮게 설정하여 밑에서 위를 올려다보는 구도를 잡고, 지면 등 낮은 곳에 보여주고 싶은 모티브가 있는 경우나

높이와 부유감을 강조하고 싶은 경우에는 눈높이가 높은 조감도식 구도를 취합니다.

또한 앞에서 서술한 것과 같이 처음의 구상은 여자아이가 여행에서 돌아오는 설정이었지만, 이 러프 스케치에서는 캐릭터의 주변 캐릭터의 가까운 곳에는 완성 작품에는 없는 슈트 케이스가 놓여져 있습니다. 그러나 좌우 대칭 구도에서 슈트 케이스가 화면 어느 한 쪽에만 있으면 쓸데없이 눈에 띄게 되므로 나중에 생략했습니다.

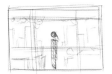
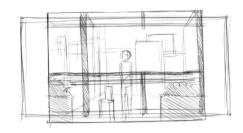

그림 C-5 구도 러프

캐릭터 밑그림

구도가 대략적으로 정해졌으므로 다음으로 캐릭터 밑그림을, 세부 디테일을 묘사한 초고를 그립니다. 이때 캐릭터의 참고 이미지도 수집합니다. 제가 캐릭터를 그릴 때에 필요로 하는 참고 자료는 주로 두 가지입니다. 하나는 「비슷한 포즈를 하고 있는 실제의 사진」 또 하나는 「캐릭터 데포르메 상태를 참고할 이미지」입니다. 실제 포즈 사진은 인체 디자인 확인용입니다. 또 하나, 데포르메 참고 이미지는 이 그림에서는 캐릭터를 얼마만큼 데포르메할지, 어디를 어떻게 데포르메해야 매력적으로 느껴질지 참고하기 위한 것입니다. 도트 그래픽의 경우 디테일을 전부 표현할 수는 없으므로 주로 캐릭터 머리와 키의 비율, 그리고 배색을 고려할 때 참고하고 있습니다.

이 단계에서 캐릭터 디자인을 확실하게 할 경우는 디자인 참고용 이미지도 다양하게 수집합니다. 자기 그림의 테마에 맞는 캐릭터는 어떠한 요소를 가지고 있는지 생각하면서 필요한 자료를 수집하여 캐릭터 러프를 스케치하고, 필요 없는 요소를 삭제하면서 캐릭터를 만들어 갑니다. 이번에는 러프한 차림의 여자아이를 만들고 싶었으므로 파카에 운동화를 신기고 손에 스마트폰을 쥐여줌으로써 누군가를 기다리고 있는 느낌을 내려고 했습니다.

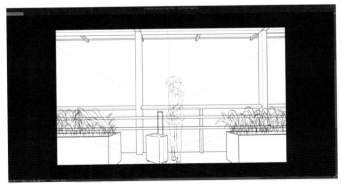

그림 C-6 캐릭터 묘사

배경 밑그림

캐릭터 밑그림 작업이 끝났으면 배경 밑그림을 그립니다. 원근감이 있는 작품을 그릴 때 편리한 것이 CLIP STUDIO PAINT의 [퍼스자]입니다. [도구바]→[자]→[퍼스자]를 선택합니다. 처음에 소실점을 정할 때 자동적으로 눈높이 보조선도 만들어지니, 여기에 맞춰서 작도해 갑시다.

그림 C-7 퍼스자

앞쪽 입체 통로의 구조 역시 실제로 있는 어떤 건물을 모델로 그렸습니다(울타리 부분의 구조 등이 그렇습니다). 이번 역 앞 입체 통로를 일상적으로 빈번하게 볼 수 있는 사람은 한정되어 있지만, 이와 같은 공공건물 등은 익숙한 모티브가 많아서 모양이 달라지면 보는 사람이 위화감을 느끼게 되는 원인이 됩니다. 그러므로 실제로 있는 구조물을 그릴 경우에는 반드시 현실에 의거한 그림이 되도록 주의합시다.

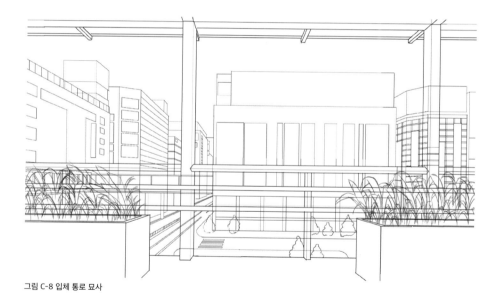

그림 C-8 입체 통로 묘사

구상 단계에서 수집한 자료를 바탕으로 원경의 건물을 밑그림에 추가합니다. 이번 그림은 입체 통로도 있으므로 어느 정도 규모가 있는 도시를 상상하였습니다. 또 배경에 간판, 빌딩의 창 등 직선적인 모티브를 넣어서 약간 그래피컬한 인상을 주고 싶다는 생각이 들었습니다. 그래서 정면 건물의 방향을 똑바로 맞추어 깔끔하게 도트 그래픽화할 수 있는 상태로 만들었습니다.

전체 밑그림이 완료되면 [편집]→[화상 해상도 변경]으로 해상도를 변경합니다. 이번 그림은 폭이 350px, 높이가 210px의 도트 그래픽으로 합니다. 제가 그리는 도트 그래픽은 대체로 가로 폭이 300px부터 500px 사이인 경우가 많습니다. 그 이유는 300px 이하가 되면 세부적인 표현이 어려워지고, 500px 이상일 경우 도트 그래픽 특유의 표현 효과가 엷어져버리기 때문입니다.

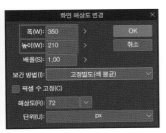

그림 C-9 해상도를 낮춘다

그림 C-10 완성된 밑그림

POINT

서두에서 얘기했듯이 저는 초고 제작 단계에서는 도트 그래픽이 아닌 해상도가 높은 상태로 스케치를 하고, 전체의 밑그림이 완성된 후에 도트 그래픽화하는 방법을 사용합니다. 이것은 도트 그래픽에서 선화로 밑그림을 만들면 선이 지나치게 두꺼워져 세부적인 인상을 파악할 수 없게 되기 때문입니다. 방금 보여드린 것처럼 우선은 고해상도로 선화를 그린 다음 해상도를 낮춤으로써 전체적인 밸런스를 유지하고 세부를 데포르메하는 밑바탕으로 활용합니다.

회색으로 색 구분

밑그림이 완료되면 회색으로 색 구분을 합니다. 처음부터 대략적으로 유채색을 칠하고 조금씩 조정해 나가는 방법도 있지만, 이번에는 근경과 원경에 명도차가 있고, 그 부분의 실루엣에 집중하고 싶으니 유채색을 칠하지 않고 무채색으로 확인합니다.

또한 실루엣만 확인하는 것이 아니라 음영의 느낌도 이 단계에서 어느 정도 파악할 수 있을 때까지 진행하려고 합니다. 그렇게 하면 후반은 색채 조정과 세부 그리기에 집중할 수 있으므로 작업이 편해집니다.

근경의 색 구분

저의 경우 우선 처음에는 지면부터 묘사하는 경우가 많습니다. 오브젝트와의 접지면을 가능한 한 빠른 단계부터 묘사함으로써, 나중에 오브젝트에서 지면과 확실하게 접하고 있지 않은 듯 이질감이 느껴지는 실수를 방지하기 위해서입니다.

그림 C-11 바닥과 화분의 색 구분

다음으로 캐릭터 옆에 있는 화초를 묘사합니다. 식물 같은 유기적이고 형태가 복잡한 모티브는 묘사에 손이 많이 갈 것 같은 느낌이 있지만, 우선 실루엣부터 만든 다음 빛이 닿는 부분을 어두운 곳부터 순서대로 그려나가면 쉽게 그릴 수 있습니다. 처음에는 세부적인 부분에 지나치게 연연하지 말고 큰 그림자 부분만 나눈다는 느낌으로 묘사를 하면 하기 쉬울지도 모릅니다.

또한 식물의 실루엣도 자세히 보시면 뒤쪽에 큰 식물, 앞쪽에 작은 식물을 배치했습니다. 그리는 그림에 따라 모티브로 하는 식물은 바뀌지만, 이번에는 작은 식물이 가득한 모습을 그리고 싶었기 때문에 이와 같은 실루엣을 잡았습니다. 앞쪽에 큰 식물을 두면 빈 공간이 많아 보이기 때문입니다. 이렇듯 자신이 표현하고 싶은 이미지에 맞추어 이 모티브가 어떻게 보일지를 고려하여 배치를 결정합니다.

그림 C-12 화초 음영 부분 색 구분의 흐름

다음으로 캐릭터를 추가합니다. 광원은 오른쪽 위에서 비스듬하게 비춰지는데, 근경의 입체 통로에는 지붕이 빛을 가려 전체적으로 그늘져 있는 인상입니다. 그러므로 사용하는 색의 명도를 가능한 낮춤으로써 근경 전체를 어둡게 하여 원경과의 콘트라스트로 캐릭터 등의 실루엣이 명확해지도록 표현했습니다. 또한 명암 부분은, 화면 뒤쪽에서 앞쪽 방향으로 약간 빛이 들어오고 있는 점을 반영해서 색을 구분했습니다.

그림 C-13 근경의 색 구분

원경의 색 구분

근경 부분의 색 구분이 끝나면 원경 부분의 색 구분에 들어갑니다. 이때 앞쪽의 명도를 조금 낮추어 멀리서 봐도 캐릭터의 실루엣을 알 수 있을 만큼 원경과의 콘트라스트를 강하게 설정합니다. 또한 하늘도 완전한 하얀색이면 지나치게 밝아지게 되니, 일정 수준 이상의 명도를 가진 회색을 배치합니다.

제가 색 구분을 할 때 주의하는 부분은 화면 속에서 비교적 넓은 면이나 눈에 띄는 모티브 등을 우선적으로 작업해야 한다는 것입니다. 이것은 하늘 같은 넓은 면을 마지막에 칠하면 그림의 인상이 크게 바뀌어버려 상상하고 있던 완성 예상도와는 전혀 다른 느낌을 받게 되는 경우가 있기 때문입니다. 그러므로 이번에도 캐릭터와 하늘은 일찌감치 화면에 넣습니다.

그림 C-14 원경 빌딩 색 구분 1

주변 빌딩을 그리고 원경 부분의 색 구분을 계속 진행합니다. 근경의 실루엣을 강조하고자 하므로 원경은 명도를 높게 유지하기 위해 그림자 부분 역시 명도를 너무 많이 낮추지 않도록 합니다. 동시에 완성 단계의 모습을 짐작할 수 있을 수준으로 간판도 색을 구분합니다. 최대한 캐릭터에 시선이 가도록, 존재감이 지나치게 강조되지 않을 정도의 명도를 목표로 묘사하였습니다.

그림 C-15 원경 빌딩 색 구분 2

이것으로 색 구분은 끝입니다. 이 단계에서 중요한 것은 그림 전체의 음영이 만드는 분위기를 확인하는 것입니다. 그려진 모티브의 실루엣과 음영 등은 그림의 인상을 크게 좌우합니다. 그러므로 이번에는 가장 보여주고 싶은 것, 즉 근경의 실루엣이 멀리에서도 확실하게 보일 만큼 콘트라스트 차가 나고 있는지를 마지막에 한 번 더 확인합니다. 또한 빌딩에 있는 무수한 간판이 어떠한 분위기를 연출할지에 대해서 이 단계에서 결정해두는 것도 좋은 방법입니다. 그러면 나중에 색을 올리기 더 쉬워집니다.

그리고 이 단계에서는 상세 묘사는 신경쓰지 말고, 우선 음영을 면 단위로 분할하는 것에만 신경을 써야 합니다. 그림 전체의 큰 인상을 확인하기 위한 것도 한 이유입니다만, 무엇보다 지금 세부를 지나치게 자세히 그리면 색을 입히는 작업이 힘들어지기 때문입니다

채색·세부 묘사

색분할이 끝나면 채색 및 세부 묘사 작업에 들어갑니다. 기본적인 흐름으로는 각각의 영역별로 「채색」→「세부 묘사」의 순서로 진행합니다.

원경 채색·세부 묘사

채색 작업은 주로 [색역 선택]을 사용하여 같은 색 부분을 선택하고, [채우기 도구]로 채색합니다. [색 영역 선택]은 [선택 범위]→[색역 선택]을 선택하여 사용하는데, 저는 [V]키를 단축기로 등록해서 쓰고 있습니다. 또한 색역 선택을 할 때는 주의점이 하나 있습니다. 도트 그래픽처럼 각진 느낌이 강하고 미세한 색감 차이가 필요한 경우에는 완전하게 동일한 색만 선택하도록 [색의 허용 오차] 항목을 0으로 설정해야 한다는 점입니다. 그러지 않으면 불필요한 부분도 같이 선택하게 됩니다.

그림 C-16 색역 선택

또한 선택 범위의 [도구 속성]에서 [안티에일리어싱] 항목을 가장 왼쪽 끝, 안티에일리어싱 [없음]으로 설정해둡니다. 이 항목은 선택 범위의 경계선에 얼마큼 안티에일리어스를 넣을지에 대한 설정입니다. 이것을 왼쪽 끝 [없음] 이외의 것으로 설정하면 경계선이 흐려져 도트 그래픽이 무너져 버립니다.

그림 C-17 안티에일리어싱 해제

도구 설정이 끝나면 원경 채색에 들어갑니다. 우선은 넓은 면을 차지하는 하늘부터 색을 넣습니다. 단번에 이미지에 딱 맞는 색이 나오는 경우는 없으니, 일단 적절히 색을 올리고 계속 수정해서 서서히 완성형에 가깝게 만들어 갑시다.

그림 C-18 하늘 채색 1

처음에 배치한 색이 좀 진한 것 같습니다. 색을 약간 옅게 하여 봄가을의 맑고 투명한 색감을 냅니다. 상정하고 있는 시간대는 16시~17시경, 노을이 지기 직전의 어느 한때입니다. 그러므로 옅은 색깔에 더하여 멀리 있는 하늘은 서쪽으로 저물기 시작한 태양을 반영해 조금 노랗게 표현했습니다.

그림 C-19 하늘 채색 2

하늘 이미지가 대체적으로 확정되었으니 원경 빌딩을 색칠합니다. 우선은 광원 쪽을 향하고 있는 화면 좌측 빌딩들의 면을 색칠합니다.

그림 C-20 좌측 빌딩들 채색

다음으로 빌딩의 유리창에 반대쪽 빌딩이 비춰진 모습을 자료를 참고해 묘사합니다. 특히 반사된 빌딩의 색감 등에 주의합시다. 이번과 같이 원경의 빌딩이 세부를 묘사할 수 없는 정도로 작은 경우, 유리창 단위로 색을 배치하면 보기도 좋고 유리창의 질감도 잘 표현할 수 있습니다.

그림 C-21 좌측 빌딩의 세부 묘사 및 유리창의 질감

지면과 정면의 빌딩에도 색을 넣습니다. 정면 빌딩에는 간판이 많아 색이 화려해지는데, 지나치게 강조되지 않도록 색감을 컨트롤하는 것이 중요 포인트입니다. 구체적으로는 어느 정도 화려하게 보일 만큼의 컬러 수를 사용하되, 색이 지나치게 선명해지지 않도록 주의해야 한다는 것입니다. 지나치게 컬러 수가 많으면 화면을 수습할 수가 없게 됩니다. 적절한 컬러 수를 찾으면서 진행합시다.

그림 C-22 정면 빌딩 채색

정면 빌딩에 있는 모든 간판의 대략적인 채색을 끝내고 밸런스 확인까지 완료되었으면, 간판의 글자와 문양 등 세부적인 부분을 묘사합니다. 채색이 완료되기 전에 세부 묘사에 들어가면 전체적인 모습을 나중에 다시 조정해야 합니다. 손이 두 번 가게 되므로 주의합시다.

그림 C-23 정면 빌딩 세부 묘사

정면 빌딩과 같은 수순으로 오른쪽의 빌딩도 우선은 채색부터 들어갑니다. 모델이 된 빌딩의 외벽은 파란색이었는데, 그대로는 붕 떠버리게 될 것 같아 채도를 낮게 조정하여 존재감을 약간 줄였습니다.

그림 C-24 우측 빌딩 채색

채색이 끝나면 세부를 묘사합니다. 오른쪽 빌딩의 각진 면을 자세히 보면 알 수 있듯이, 원경에 있는 작은 창을 묘사할 경우 원근감상의 지평선과 평행한 선은 직선으로 처리합니다. 이렇게 하면 창문 묘사가 깔끔해지고 보기에도 좋습니다. 또한 창 전체의 배열을 원근법에 맞춰 그리는 것이므로 그만큼 원근감이 훼손될 일도 줄어듭니다. 멀리 있는 빌딩을 묘사할 때에는 이 부분에 주의합시다.

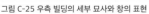
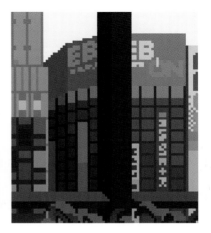

그림 C-25 우측 빌딩의 세부 묘사와 창의 표현

[레이어]→[신규 래스터 레이어]를 눌러 새로운 레이어를 추가하고 레이어의 합성 모드를 [더하기(발광)]으로 변경하여 좌측 빌딩의 빛을 받는 면의 색감을 조정합니다.

이 시간대는 하늘은 색이 아직 푸르지만 빛은 색이 다소 빨강을 띄고 있어 저녁 분위기가 떠돕니다. 그런 이미지가 전해지도록 좌측 빌딩 전체에 대략적으로 공통된 노란색 색감의 합성 레이어를 씌웁니다.

그림 C-26 좌측 빌딩에 비친 해지기 조금 전의 빛

이때 좌측에 있는 빌딩들은 약간 경사진 각도를 바라보고 있으므로 빛을 강하게 반사합니다. 그러므로 하늘 부분의 가장 밝은 색과 동등한 밝기가 되도록 합성 레이어 색을 조정하였고, 또한 색감에도 지는 해의 분위기에 가까워지도록 빨강을 추가했습니다.

그림 C-27 좌측 빌딩 색감 조정

정면과 오른쪽 빌딩에도 하이라이트를 추가합니다. 정면의 빌딩은 오른쪽 모서리가 약간 둥글게 되어 있는데 이 부분도 반영해 밝은 부분을 묘사합니다. 간판에 하이라이트를 묘사하면 두께감이 생깁니다. 그러니 모든 간판에 하이라이트를 묘사하는 것이 아니라 큰 간판에만 하이라이트를 넣습니다. 겨우 1px에 지나지 않지만, 멀어지면 멀어질수록 모티브가 작게 보여 1px이 갖는 정보량도 늘어나므로 이와 같은 일이 일어납니다.

그림 1-28 정면과 오른쪽 빌딩에 하이라이트 추가

근경 채색·세부 묘사

원경의 채색이 대체적으로 끝나면 근경 부분 묘사에 들어갑니다. 원경은 채도를 억제하는 느낌으로 묘사했으므로, 근경은 약간 채도를 올려 원경과 차이를 둡니다. 또한 원경과는 다르게 세부적인 부분도 그려넣음으로써 근경에 있는 모티브에 「볼거리」를 만듭니다.

화초 채색이 끝나면 화분의 세부도 묘사합니다. 세월의 흔적으로 생긴 흠집과 오염 표현도 추가합니다. 오염에는 여러 가지 종류가 있지만 여기에 있는 화분은 비에 노출되는 것이 아니기 때문에 화분의 색깔보다 조금 밝은 색을 써서 약간씩만 표현했습니다.

그림 C-29 근경 세부 묘사

캐릭터가 기대어 있는 난간 부분의 유리를 묘사합니다. 유리용으로 새로운 레이어를 추가하고 [합성 모드]를 [곱하기]로 설정하여, 푸른빛이 도는 회색으로 유리 질감을 묘사합니다.

그림 C-30 유리 묘사

또한 유리에 비춰진 것들을 묘사하기 위한 레이어를 새롭게 추가합니다. 새로운 레이어의 [합성 모드]를 [더하기(발광)]으로 설정하고 반사되는 모습을 묘사합니다. 우선은 반사된 지면을 묘사하기 위해 지면의 타일과 똑같은 격자 모양의 선을 그렸습니다. 이 선도 반드시 원근법에 맞게 그려야 한다는 것을 잊지 말도록 합시다. 그리고 앞쪽의 지면이 가장 잘 반사되고 있으므로 화면에서 먼 안쪽(뒤쪽) 지면에 가까워질수록 조금씩 명도를 떨어뜨려 반사되는 수준을 점점 약하게 합니다.

그리고 캐릭터의 피부에도 색을 칠합니다. 캐릭터의 피부는 이 그림에서 가장 색이 진하고 밝아서 눈에 띄는 부분입니다. 그러므로 캐릭터를 채색할 때는 가장 먼저 캐릭터의 특징적인 색부터 칠해 세부 묘사의 참고 기준으로 삼아야 합니다.

그림 C-3 유리에 비춰진 모습과 캐릭터 채색

유리 부분에 반사된 화분을 추가합니다. 더 매력적으로 느껴지도록 실제의 색감에 빨간 빛을 약간 섞었습니다. 이렇게 함으로써 유리 부분에 색의 선명함이 더해져 단조로운 유리의 반사가 더 보기 좋아집니다.

그림 C-32 화분이 반사된 모습의 채색

캐릭터 세부를 묘사합니다. 캐릭터는 가장 먼저 눈에 들어오는 모티브이므로 가장 진한 색감으로 표현합니다. 주변 배경에 비해 콘트라스트가 높으면 그만큼 눈에 띄게 되므로, 음영의 밸런스를 보면서 채도도 조정합니다. 이때 하반신보다도 상반신, 그리고 얼굴 부근으로 갈수록 약간 명도를 높게 하여 콘트라스트도 강하게 하는 것이 중요 포인트입니다. 이렇게 하면 얼굴 주변이 강조되고 보다 알아보기 쉬워집니다.

그리고 마지막으로 스마트폰 화면이 빛나고 있는 모습을 표현하기 위해 밝은 형광색을 사용하여 묘사했습니다. 화면에서 악센트 역할을 합니다.

그림 C-33 스마트폰의 빛을 묘사

색 조정

마지막으로 화면 전체의 색을 조정합니다. 보통 [톤 커브]나 [컬러 밸런스] 등을 사용합니다. 이번에는 구상 단계부터 중요하게 생각한 근경의 실루엣이 잘 보이지 않게 되었기 때문에, 톤 커브를 사용하여 근경의 명도를 조금 억누름으로써 콘트라스트를 조정하자 어느 정도 실루엣이 보이게 되었습니다. 이것으로 완성입니다.

그림 C-34 톤 커브로 근경의 명도를 낮춰 콘트라스트를 조정

출력(내보내기)

그림이 완성되었으므로 출력을 합니다만, 웹 등에 게재할 경우에 원래 해상도 그대로 올리면 지나치게 작아지게 되니, 우선은 [편집]→[화상 해상도 변경]으로 해상도를 변경합니다.

이번에는 사이즈를 3배 확대하고자 하므로, [배율] 값을 「3」으로 변경합니다. 이 수치는 정수로 설정하지 않으면 도트가 무너져버리는 원인이 되므로 주의합시다. 또한 해상도 변경에 따른 [보간 방법]을 [하드 윤곽(최단입점)]으로 설정합니다. 다른 설정으로는 확대 시에 엣지가 흐려져 도트 그래픽이 무너져 버리므로 배율 설정과 마찬가지로 주의가 필요합니다.

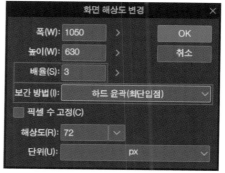

그림 C-35 그림을 인터넷에 올릴 경우에는 해상도를 올린다

해상도를 변경했으면 이미지 출력에 들어갑니다. [파일]→[화상을 통합하여 내보내기]를 선택합니다. 저장할 파일 형식을 선택하면 출력 설정 화면이 표시됩니다. 도트 그래픽이 무너지지 않도록 [출력 사이즈]는 100%로 합시다.

마지막으로 [OK] 버튼을 눌러서 출력을 완료합니다.

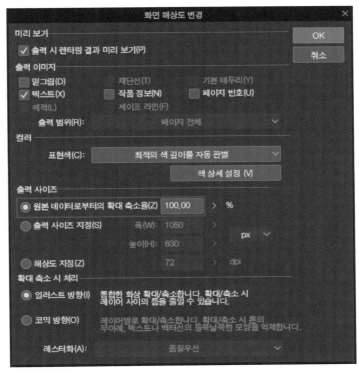

그림 C-36 내보내기

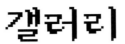

갤러리

Title: 픽셀아트 배경 그리는 법 도트 초보자부터 전문가까지

ULTIMATE PIXEL CREW REPORT

MOTOCROSS SAITO

SETAMO

APO+

MOTOCROSS SAITO

APO+

SETAMO

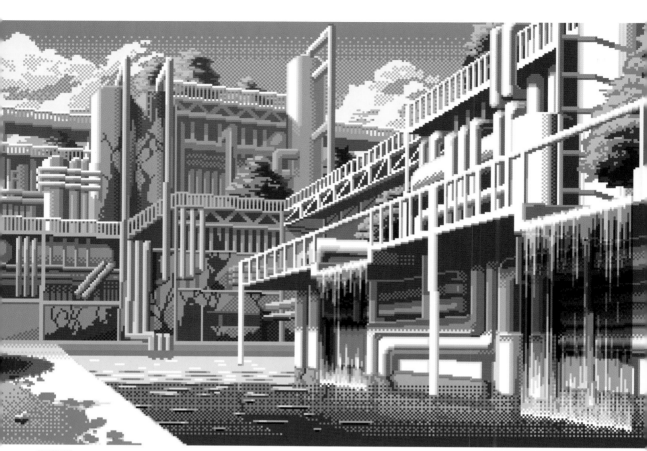

SETAMO

APO+

MOTOCROSS SAITO

MOTOCROSS SAITO

APO+

SETAMO

SETAMO

MOTOCROSS SAITO

TM ULTIMATE PIXEL CREW REPORT

INDEX · 색 인

＊ULTIMATE PIXEL CREW REPORT＊

픽셀 아트 배경 그리는 법
도트 초보자부터 전문가까지

초판 1쇄 인쇄 2021년 11월 10일
초판 2쇄 발행 2022년 7월 31일

저   자 : APO+, MOTOCROSS SAITO, SETAMO
번   역 : 이석호

펴   낸   이 : 이동섭
편   집 : 이민규, 탁승규
디   자   인 : 조세연, 김형주
영업·마케팅 : 송정환, 조정훈
e - B O O K : 홍인표, 서찬웅, 최정수, 김은혜, 이홍비, 김영은
관   리 : 이윤미

㈜에이케이커뮤니케이션즈
등록 1996년 7월 9일(제302-1996-00026호)
주   소 : 04002 서울 마포구 동교로 17안길 28, 2층
T   E   L : 02-702-7963~5
F   A   X : 02-702-7988
http://www.amusementkorea.co.kr

ISBN 979-11-274-4846-2 13000